古代歷史文化 研究輯刊

三二編

王明蓀 主編

第 27 冊

河南佛教寺廟（中）

王宏濤 著

國家圖書館出版品預行編目資料

河南佛教寺廟（中）／王宏濤 著 -- 初版 -- 新北市：花木蘭
文化事業有限公司，2024〔民 113〕
目 4+184 面；19×26 公分
（古代歷史文化研究輯刊 三二編；第 27 冊）
ISBN 978-626-344-890-2（精裝）
1.CST：寺廟 2.CST：佛教史 3.CST：河南省
618   113009494

ISBN-978-626-344-890-2

9 786263 448902

古代歷史文化研究輯刊
三二編 第二七冊   ISBN：978-626-344-890-2

河南佛教寺廟（中）

作　　者　王宏濤
主　　編　王明蓀
總 編 輯　杜潔祥
副總編輯　楊嘉樂
編輯主任　許郁翎
編　　輯　潘玟靜、蔡正宣　美術編輯　陳逸婷
出　　版　花木蘭文化事業有限公司
發 行 人　高小娟
聯絡地址　235 新北市中和區中安街七二號十三樓
　　　　　電話：02-2923-1455／傳真：02-2923-1452
網　　址　http://www.huamulan.tw 信箱 service@huamulans.com
印　　刷　普羅文化出版廣告事業
初　　版　2024 年 9 月
定　　價　三二編 28 冊（精裝）新台幣 84,000 元

河南佛教寺廟(中)

王宏濤 著

上 冊

第一章　中國佛教祖庭——白馬寺……………………… 1

第二章　禪宗第一祖庭——嵩山少林寺………………… 47

第三章　北宋皇家寺院——開封大相國寺……………… 71

第四章　千手千眼觀音祖庭——平頂山大香山寺… 97

第五章　臨濟宗一脈單傳的福地——汝州風穴寺 105

第六章　天下法席之冠，必指首山——襄城首山
乾明寺……………………………………… 113

第七章　菩提達摩的長眠之地——陝縣空相寺… 119

第八章　三階教的發源地——寶山靈泉寺……… 141

第九章　須菩提祖師的得道之地——南陽菩提寺 153

第十章　天台宗祖庭——信陽光山淨居寺……… 165

第十一章　地藏王菩薩的第二道場——嵩山
大法王寺……………………………… 179

中 冊

第十二章　最古老佛塔所在的寺廟——登封嵩嶽
寺………………………………………… 189

第十三章　禪宗祖庭——登封會善寺…………… 203

第十四章　中國現存最早的比丘尼道場——嵩山
永泰寺………………………………… 211

第十五章　伏牛山下古今傳——洛陽嵩縣雲岩寺 223

第十六章　南陽慧忠國師住錫的寺廟——淅川
香嚴寺………………………………… 239

第十七章　丹霞天然禪師住錫的寺廟——南陽
丹霞寺………………………………… 245

第十八章　唐密祖庭——洛陽大福先寺………… 253

第十九章　唐密祖庭——洛陽廣化寺…………… 271

第二十章　韓國唯識宗祖庭——龍門香山寺…… 283

第二十一章　玄奘法師受佛學啟蒙的寺廟——
偃師玄奘寺（唐僧寺）………… 293

第二十二章　歷史悠久的豫西古剎——伊川淨土
寺………………………………………… 311

第二十三章　豫西名刹——宜陽靈山寺…………323

第二十四章　唐玉真公主創建的寺廟——偃師
上洞全佛寺…………339

第二十五章　聖王臺上的古觀音道場——汝陽
觀音寺…………349

第二十六章　法幢宗寺廟——洛寧羅嶺香山寺…359

第二十七章　白公修仙飛昇的聖地——偃師藏梅
寺…………363

下　冊

第二十八章　少林武學重鎮——偃師石溝寺……373

第二十九章　中央毗盧遮那佛的道場——大佛泉
寺…………377

第三十章　　唐代著名的比丘尼道場——洛陽安國
寺…………381

第三十一章　與日本京都南禪寺結緣的寺廟——
汝陽寶應寺…………397

第三十二章　洛陽唯一的文殊道場——汝陽雲夢
山文殊寺…………401

第三十三章　名寺與名校的奇遇——潭頭淨安寺·405

第三十四章　為仰宗在洛陽的法脈——東河觀音
寺…………409

第三十五章　為往聖續絕學——欒川白雲寺……413

第三十六章　豫劇《梵王宮》與洛陽天竺寺……417

第三十七章　唐代著名的翻經道場——洛陽天宮
寺…………425

第三十八章　道安法師弘法造像的道場——洛陽
興國寺…………433

第三十九章　三生石故事的發源地——洛陽孟津
慧林寺…………447

第四十章　　唐高宗李淵到訪還願的寺廟——滎陽
大海寺…………451

第四十一章　二帝親臨的「明月山城」——博愛
月山寺…………455

第四十二章　古老樂器「篪」的傳承——民權
　　　　　　白雲寺 ………………………… 459

第四十三章　北宗禪在北方的文化遺存——洛陽
　　　　　　玉泉寺 ………………………… 465

第四十四章　五十三峰環繞的聖境——鞏義慈雲
　　　　　　寺 …………………………… 469

第四十五章　大伾山上的聖地——太平興國禪寺· 475

第四十六章　雲門宗在元代的遺響——新鄉輝縣
　　　　　　白雲寺 ………………………… 479

第四十七章　風光旖旎的美麗寺廟——信陽羅山
　　　　　　靈山寺 ………………………… 485

第四十八章　古塔與石窟交錯的神秘佛國——
　　　　　　衛輝香泉寺 …………………… 489

第四十九章　著名的地論學派道場——安陽洪谷
　　　　　　寺與修定寺 …………………… 493

第五十章　　金代鄭州臨濟宗的輝煌——鄭州普照
　　　　　　寺與洞林寺 …………………… 501

第五十一章　曇鸞大師擔任過維那的淨土宗祖庭
　　　　　　——鄭州超化寺 ……………… 509

第五十二章　臨濟宗白雲禪系祖庭——桐柏太白
　　　　　　頂雲臺寺 ……………………… 515

第五十三章　北宋磚雕藝術的代表——開封繁塔
　　　　　　寺 …………………………… 519

第五十四章　律宗祖庭——洛陽吉利萬佛山石窟
　　　　　　寺 …………………………… 541

第五十五章　北魏孝文帝建立的寺廟——鞏義
　　　　　　淨土寺 ………………………… 551

後　記 …………………………………………… 559

第十二章　最古老佛塔所在的寺廟——
登封嵩嶽寺

　　要說嵩山上最有名的佛教古蹟，除了少林寺就是嵩嶽寺了。嵩嶽寺之所以有名，主要是因為寺內保存有中國最古老的佛塔——嵩嶽寺塔。因此我們有必要瞭解下嵩嶽寺的來龍去脈。

一、北魏時期的嵩嶽寺

嵩嶽寺

關於嵩嶽寺的建立，《魏書‧馮亮傳》中有明確記載：「馮亮，字靈通，南陽人。蕭衍平北將軍蔡道恭之甥也。……隱居嵩高……亮既雅愛山水，又兼巧思，結架岩林，甚得棲遊之適。頗以此聞。世宗給其功力，令與沙門統僧暹、河南尹甄琛等，周視嵩高形勝之處，遂造閒居佛寺。林泉既奇，營制又美，曲盡山居之妙。」這裡的「世宗」就是北魏宣武帝元恪，但未說明具體是哪一年。明代傅梅《嵩書》則指出其具體興建年代為北魏永平二年（509）：「嵩嶽寺在法王寺西一里許，元魏宣武帝於永平二年，幸馮亮與沙門統僧暹河南尹甄琛等，同視嵩山形勝之處，創興土木。」傅梅的說法也許有所本，在沒有反證的情況下，我們可以接受這個建寺時間。

那麼，為何宣武帝要建閒居寺呢？《魏書》第 16 卷給我們透露了信息：

> 正光五年秋，靈太后對肅宗（明帝元詡）謂群曰：「隔絕我母子，
> 不聽我往來兒間，復何用我為？放我出家，我當永絕人間，修道於
> 嵩高閒居寺。先帝聖鑒，鑒於未然，本營此寺者正為我今日。」

胡太后說自己要出家「修道於閒居寺」，並說這是「先帝聖鑒，鑒於未然，本營此寺者正為我今日。」也即胡太后透露出閒居寺是宣武帝為自己出家修行所建。為何宣武帝要讓胡太后出家呢？這還要從北魏一項野蠻的制度說起。由於擔心所謂「子幼母壯」，太子的母親在太子執政後干預朝政，北魏確立了「立太子殺其母」的制度。但在孝文帝遷都洛陽之後，逐漸推動漢化的環境下，受到儒教「孝敬」思想的薰陶，這項制度也隨之動搖。當宣武帝立元詡為太子時，元詡苦苦哀求其父不要處死其母親胡氏，元恪動搖了，於是才命馮亮等在嵩山建閒居寺以安置以後出家的靈太后。這就是閒居寺建立的緣由。

當然，後來胡靈太后並未出家，但閒居寺已經建成，從現存的資料看，規格很高，入駐的都是當世的高僧。《魏故昭玄沙門大統僧令法師墓誌銘》記載：

> 法師緣姓杜，京兆人也。幼而懸惠，志尚清虛，爰在兒童，脫
> 俗歸道。學既多聞，善亦兼濟，散帙濡翰，怡然自得。若其涉獵群
> 品，富同河漢，討論徽賾，殆剖秋豪。良以三空靡遺，九典咸達，
> 居室遲應，鳴梟自遠。高祖光宅土中，憲章大備，存也釋氏，注意
> 法輪。由此聞風欽想，發於寤寐，嘉命蘋止，荷錫來遊。至若振塵
> 式乾，洞窮幽旨。故以造膝嗟善，徘徊忘倦。武明之世，禮遇彌隆，
> 乃以法師為嵩高閒居寺主。飲泉庇樹，嘯想煙霞，一丘一壑，得之
> 懷抱。實有高蹈之志，非無遂往之情。

　　雖跡出塵中，而尚羈世綱，尋被徵為沙門都維那。屢自陳遜，終不見許。既弗獲以禮，便同之畏法。莊帝聿興，仍轉為統。自居斯任，彌歷數朝，事無暫壅，眾咸歸德。今上龍飛，固乞收退，頻煩切至，久而方允。於是隱輪養志，保素任真，形影難留，心神已化。俄遘篤疾，奄然辭世。行年八十有一。臨終自得，安然若歸。天子追悼，敕主書任元景詣寺宣慰。二月三日丙辰窆於芒山之陽。

　　弟子智微道遜覺意等，痛茲顏之長往，懼大義之將乖，與言永慕，乃作銘曰：天生英德，志逸旻穹，孤拔塵表，獨得環中。道與物合，行共時融，百代飛譽，千載垂風。道逸緇庭，聲飛朱闕，見重高帝，尺書屢發。雅論移天，清談動月，其人雖往，斯音未歇。大魏永熙三年歲次甲寅二月甲寅朔三日丙辰。

嵩嶽寺塔

　　法師俗家姓杜，是陝西長安人，年輕時就很聰明，嚮往出家的生活，因此童年就出家修道。他學了很多知識，做了很多好事，每天翻閱經典，怡然自得，看過的書如天上的星辰一般多，討論玄義，則刨絲剝繭，分析細緻。他善於講般若空理，能自如地引用各種佛典，身居斗室而聲名遠播。北魏高祖孝文帝遷都洛陽，崇敬佛教，因此令法師從長安來到洛陽弘法利生，不辭疲倦。宣武帝和孝明帝時期，請令法師擔任嵩山閒居寺寺主。令法師在嵩山隱居，在樹蔭裏品嘗清泉，在山壑中吐納煙霞。他修行志向高遠，有明確的修行目的。

　　雖然是世外之人，但仍然受到俗世的牽絆，很快就被朝廷徵為「沙門都維那」，雖然幾次推脫，但朝廷都不同意，令法師只好到朝廷任職，孝莊帝上臺後，令法師被升為沙門統，在這一職務上他經歷了莊帝、長廣王、節閔帝、安定王等四朝，把事物處理的很好，很得人心。孝武帝上臺後，令法師數次上書，懇請歸隱，言辭誠懇，孝武帝這次允許。於是隱居修行，保持元神，但身體忽然有病，很快圓寂，享年八十一歲，死的很安詳，就像歸家一樣。天子下令追悼，派元景到寺宣慰，二月三日葬於邙山之陽。

　　弟子智微、道遜、覺意等，痛心法師的離去，擔心法師的英名被忘去，希望他被人記住，就作以下銘文：法師您天生的英德，志向高遠。您見識非凡，把握住了佛法的根本。法師您掌握了大道，卻和光同塵，到俗世中化生利民，百代後仍會有人傳頌您的美德，千年後仍然會有人懷念您的高風。您的道行在出家眾中傳頌，您的聲名都傳到了宮廷。孝文帝多次請您講法，您在皇帝面前談天說地，究天人之理。現在您人雖亡，但聲音並未停歇。

　　可見這位「令法師」，曾在孝文帝前多次講法，宣武帝孝明帝時到閒居寺擔任寺主，可能是閒居寺的第一任寺主。可能在孝明帝後期被徵到朝廷擔任「都維那」，莊帝上臺後升為「沙門統」，這是僧人界的最高行政職務，一直經歷四朝，孝武帝上臺後辭任，幾年後圓寂。

　　清代景日昣在《說嵩》一書中提到：「明帝時，榜閒居寺，……建立十五層塔。」據此則嵩嶽寺塔建立於北魏孝明帝時期。塔高四十米，遠觀為圓形，但實際上為十二邊形。唐代李邕所撰寫的《嵩嶽寺碑記》稱讚其「拔地四鋪而聳，凌空八相而圓」，著實道出了此塔的空靈。嵩嶽寺地宮內共出土文物 70 多件，其中一釋迦像上刻有「大魏正光四年歲」的字樣。正光是孝明帝的年號，此題記可證明此塔最早建於北魏孝明帝正光年間。中科院熱釋光測年的結果認定，此塔地宮處於北朝時期，而東南角磚處於唐代。說明唐代嵩嶽寺曾大規模翻修。〔註1〕北周武帝滅佛時期，嵩嶽寺受到破壞，佛塔是否此時被毀，不得而知。

二、隋唐時期的嵩嶽寺

　　隋文帝楊堅，從小就在寺廟中長大，後來得到天下，一直認為得佛力的佑護，所以建國後極力宣揚佛教。唐《永泰寺碑》記載：「文帝應命，感異稀奇，

〔註 1〕郭天鎖：《登封嵩嶽寺塔地宮清理簡報》，《文物》，1992 年第 1 期。

忽得舍利一瓶，雪毫燦爛，火焚益固，擊之逾明，乃詔天下梵場，令起塔供養，為蒼生祈福也。」曾向全國各地名寺派送舍利，其中就有閒居寺。《廣弘明集》卷十七：「嵩州於閒居寺起塔，人眾從舍利者萬餘。有兔逆阪走來，歷輿下而去。天時陰雪，舍利將下，日便朗照，始入函。」為了迎接舍利，閒居寺專門建塔供養，跟隨舍利而來的群眾有萬餘人。當日還出現了祥瑞，有只兔子不怕人，爬上塔基，而後才離開。當日天陰下雪，當舍利要放入佛塔時，太陽就出來了。

唐初玄奘法師從印度歸國，非常想到閒居寺翻譯佛經。玄奘曾上奏太宗李世民：「玄奘從西域所得梵本六百餘部，一言未譯。今知此嵩嶽之南、少室山北有少林寺，遠離塵落，泉石清閒，是後魏孝文皇帝所造，即菩提留支三藏翻譯經處。玄奘望為國就彼翻譯，伏聽敕旨。」帝曰：「不須在山，師西方去後，朕奉為穆太后於西京造弘福寺，寺有禪院甚虛靜，法師可就翻譯。」

玄奘法師上奏皇帝說，我在西域帶回來的梵本經書六百餘部，一句都還沒有翻譯。河南嵩山之南、少室山之北有少林寺，遠離塵俗，泉石清閒，是後魏孝文皇帝所造，也是當時菩提留支三藏翻譯佛經的地方。我希望能為了國家在那裏翻譯佛經，請皇帝批准。李世民回應說，不用到山裏，你到西方取經後，我為穆太后在長安建弘福寺，那裏有個禪院非常幽靜，法師可到那裏從事翻譯。

玄奘在年老時，再次向唐高宗李治請求到閒居寺靜養：

　　沙門玄奘言：名聞，菩提路遠，趣之者必假資糧；生死河深，渡之者須憑船筏。資糧者三學三智之妙行，非宿春之類也。船筏者八忍八觀之淨業，非方舟之徒也。是以諸佛具而升彼岸，凡夫闕而沉生死。由是茫茫三界，俱漂七漏之河，浩浩四生，咸溺十纏之浪，莫不波轉煙回，心迷意醉，窮劫石而靡怠，盡芥城而彌固。曾不知駕三車而出火宅，乘八正而適寶方，實可悲哉。豈直秋之為氣，良增歡矣。寧唯孔父之情，所以未嘗不臨食輟餐，當寐而警者也。

玄奘上書：菩提路遠，追求者必須具備資糧，生死河深，渡之者須憑藉舟船。所謂的資糧，就是指智慧的學習，不是吃飯的食物。所謂的舟船，指的是禪觀的修行，不是河上的行船。所以兩者具備，就可以達到彼岸，凡夫就只能墜入生死輪迴。這樣，茫茫三界，都是七漏之河，浩浩生死，都浸泡在煩惱的浪中，處於其中的人沒有不心迷意醉，不能自己，不知道自己身處火宅之中，

不知道應該乘佛法而出，到達彼岸，實在是可悲。就算是孔子那樣知天命的人，也曾經想到生死而吃不下去飯，睡不著覺。

> 玄奘每惟此身眾緣假合，念念無常，雖岸樹井藤，不足以儔免脆；干城水沫，無以譬其不堅。以朝夕是期，無望長久。而歲月如流，六十之年颯焉已至。念茲遄速，則生涯可知。復少因求法尋訪師友，自邦他國，無處不經。塗路遐遙，身力疲竭。頃年已來，更增衰弱。顧陰視景，能復幾何。既資糧未充，前塗漸促，無日不以此傷嗟，筆墨陳之不能盡也。

玄奘每次想到自己的身體是眾緣假合而成，不能長久，就算是水邊的樹藤，臨近水面，也不免折斷而死。所以早有赴死的準備，並不期望能活很久。歲月如流水，60歲已經到了，60歲一到，再活多少年就可以預期。我少年時期到印度取經，路途遙遠，身心疲憊，近年以來，更加衰弱。前後算算，還能再活幾年呢！然而資糧還未充足，時間已經有限，每天都在為此擔心，筆墨不能寫出我內心的憂傷。

> 然輕生多幸，屢逢明聖，蒙光朝不次之澤，荷階下非分之恩，沐浴隆慈，歲月久矣。至於增名益價，發譽騰聲，無翼而飛，坐凌霄漢，受四事之供，超倫輩之華，求之古人所未有也。玄奘何德何功以至於此，皆是天波廣潤、日月曲臨，遂使燕石為珍，駑駘取貴。撫躬內省，唯深慚恧。且害盈惡滿，前哲之雅旨；少欲知足，亦諸佛之誡誠。玄奘自揆，藝業空虛，名實無取。天慈聖澤無宜久明，望乞骸骨畢命山林，禮誦經行，以答提獎。

可是我這一生很幸運，老是碰到聖明的君王，受到想不到的恩寵這麼多年。至於爆得大名，坐在京師，受到四方的供養，享受的榮華是古代先賢沒有過的。玄奘我何德何能，能夠做到這樣。這都是陛下將石頭當做珍寶，將劣馬當做良馬的緣故。玄奘我躬身自省，深深地感到不安。況且水滿則溢，月圓則虧，這是前人總結的教訓；知足少欲，也是諸佛的教誨。玄奘自認為自己學業空虛，名不副實，陛下給予的恩澤已經太多了，希望離開京師，將自己的衰骨埋到山林。使我在山林間誦經來回報陛下的大恩。

> 又蒙陛下以輪王之尊，弘法王之化，西域所得經本並令翻譯。玄奘猥承人乏，濫當斯任。既奉天旨，夙夜非寧。今已翻出六百餘卷，皆三藏四含之宗要，大小二乘之樞軸，凡聖行位之林藪，八萬

法門之海澤，西域稱詠以為鎮國鎮方之典。所須文義無尋不得，譬
擇木鄧林隨求大小，收珍海浦任取方圓，學者之宗斯為彷彿。玄奘
用此奉報國恩，誠不能盡，雖然亦冀萬分之一也。

玄奘法師喜歡嵩嶽寺

　　蒙陛下以轉輪王的地位，弘揚佛法，西域得來的佛經，讓玄奘翻譯。玄奘
本無此德，濫竽充數，但受到皇帝的敕令。晝夜不敢放鬆，現在已經翻出六百
餘卷，都是佛教經典的精華。西域諸國都認為這些都是可以護持國家與地方的
經典。這些經典的存在，猶如山林，讓取材的人進去可以按自己的需要隨意尋
取；猶如寶山，讓尋寶之人隨便撿取；學法之人也可以隨意在這些典籍中找到
自己需要的經典。玄奘我用這些來報效國恩，確實有點少，但也希望能夠達到
陛下期望的萬分之一。

　　　但斷伏煩惱，必定慧相資，如車二輪，缺一不可至。如研味經
　　論慧學也，依林宴坐定學也。玄奘少來頗得專精教義，唯於四禪九
　　定未暇安心。今願託慮禪門，澄心定水，制情猿之逸躁，縶意象之

奔馳，若不斂跡山中，不可成就。竊承此州嵩高少室，嶺嶂重疊，
峰澗多奇，含孕風雲，苞蘊仁智，果藥豐茂，蘿薜清虛，實海內之
名山，域中之神嶽。其間復有少林伽藍、閒居寺等，皆跨枕岩壑，
縈帶林泉，佛事尊嚴，房宇閒邃。即後魏三藏菩提留支譯經之處，
實可依歸以修禪觀。

但要斷伏煩惱，就需要禪定與智慧相互支撐，這猶如車之二輪，缺一不可。研究經論，這是慧學，山林禪定，這是定學。我對教義比較精通，但對於禪定還有差距。所以想到山中修習禪定，不到山中去，就不可能有所成就。個人以為河南嵩山少室山，叢林疊嶂，山澗多奇，果樹藥草豐茂，是海內名山，大唐境內的神山。山中還有少林寺、閒居寺等，都是法事莊嚴的名寺，也是後魏三藏菩提留支翻譯佛經的地方，可以用來修習禪定。

又兩疏朝士，尚解歸海辭榮，巢許俗人，猶知棲箕蘊素，況玄
奘出家為法，翻滯寰中，清風敦人，念之增愧者也。伏惟陛下，明
狩七曜，照極九幽。伏乞亮此愚誠，特垂聽許。使得絕囂塵於眾俗，
卷影跡於人間，陪麋庶之群，隨鳧鶴之侶，棲身片石之上，庇影一
樹之蔭，守察心鰌，觀法實相，令四魔九結之賊無所穿窬，五忍十
行之心相從引發。作菩提之由漸，為彼岸之良因。外不累於皇風，
內有增於行業，以此送終天之恩也。倘蒙矜許，則廬山慧遠，雅操
庶追；剡岫道林，清徽望續。仍冀禪觀之餘，時間翻譯，無任樂願
之至。謹指。

再者，朝中的官員，還有退休之日，鄉野的俗人，晚年也能放下勞動工具，曬曬太陽。何況玄奘出家後到處奔波，現在到老還不能休息。希望陛下能寬宏大量，允許我到嵩山去。讓我能離開紅塵，與麋鹿野鶴相伴，棲身於岩石洞中、大樹之下，靜心修行禪定，降服四魔，觀法實相，既不麻煩皇室，又能增加自己的定力。如果皇上能夠允許，那麼像廬山慧遠、東晉道林那樣的傳統，就可以得到繼承。我還寄希望於禪觀之餘，還能有時間從事翻譯，這是我最希望做的事情。

玄奘晚年，極其思念故鄉，葉落歸根之念越來越大，所以他言語懇切，幾近哀求。然而，高宗還是捨不得玄奘離的太遠：

省表，知欲晦跡岩泉，追遁遠而架往；託慮禪寂，軌澄什以標
今。仰挹風微，實所欽尚。朕業空學寡，靡究高深。然以淺識薄聞，

未見其可。法師津梁三界，汲引四生，智皎心燈，定凝意水，非情
塵之所翳，豈識浪之能驚。道德可居，何必太華疊嶺；空寂可舍，
豈獨少室重巒？幸戢來言，勿復陳請。即市朝大隱，不獨貴於昔賢；
見聞宏益，更可珍於即代。

　　看到了你的上表，知道你想遁跡山林，效彷彿圖澄與鳩摩羅什，這樣的想
法，讓人欽佩。我學識淺薄，不知深淺。但就我的觀點看來，沒有必要這樣。
法師你已經是智慧、禪定非常了得的得道高僧了，還有什麼情識能夠干擾到您
呢！況且修心養性，何必非得嵩山呢，修習禪定的地方，難道只有少室山嗎？
請看到我的信後，不要再來陳請。想做隱士，也不必非要向先賢學習，法師有
這麼高深的知識，更應該受益於當代。

　　高宗後來給出了一個妥協的方案，那就是到陝西銅川玉華宮去，那裏有原
來皇帝的行宮玉華宮，讓給玄奘去隱居。這樣，就離長安不遠，皇帝還可以時
常能夠見到。這樣，由於唐太宗與唐高宗的兩次阻攔，玄奘未能達成在閒居寺
翻經的願望。但從玄奘的上表可知，閒居寺在當時是和少林寺齊名的嵩山境內
最知名的二所寺廟之一。

　　玄奘雖然嚮往，但實際並未入住閒居寺，真正入住閒居寺的高僧是高宗時
期的元圭法師。《宋高僧傳》卷十九有《唐嵩嶽閒居寺元圭傳》，介紹了元圭法
師著名的「嶽神求戒」的故事。

　　元圭法師俗姓李，洛陽龍門人，唐高宗永淳二年（682）出家，在閒居寺
學習戒律。持律很嚴，後在少林寺悟禪。出師後在嵩山一個叫「龐塢」的地方
禪修。有一天有個身穿華麗服飾，跟隨眾多隨從的貴人來拜訪元圭法師，問元
圭法師是否認識他？法師回答說，我看佛與眾生沒有分別。貴人講，我是中嶽
神，能決定人的生死，你怎麼能把我和其他人一樣看待？法師回答：你能決定
人的生死，但我本不生，你怎麼決定我的生死？我的身體虛空，如果你能壞空，
則我實存；如果你不能壞空，則怎麼能稱自己能決定生死？

　　嶽神躬身施禮說，我自認聰明，不知法師高論，願法師為我授戒。元圭無
奈，乃焚香為之授戒。元圭問：「你能不淫嗎？」嶽神回答：「我已經婚配。」
元圭說：「不是這個意思，是指你能不亂搞男女關係嗎？」神說能。

　　元圭再問：「你能不盜嗎？」神說：「我什麼都有，怎會去盜？」元圭回答：
「不是這個意思，我是問你能不因百姓為你的供養多少而施禍與人嗎？」神說
能。

元圭再問：「你能不殺嗎？」神說：「我有職責在身，怎能不殺？」元圭回答：「不是這個意思，我是問你能夠不冤枉好人，濫殺無辜者嗎？」神說能。

元圭再問：「你能不妄語嗎？」神說：「我本正直，怎會妄語？」元圭回答：「不是這個意思，我是問你能說話辦事合乎自己的良心嗎？」神說能。

元圭再問：「你能不喝酒嗎？」神說能。元圭回答：「這就是我為你授予的戒律，你要有心敬畏但不要拘泥，做事要有心成物而不是為自己謀私。能做到這些，則先天地生不成精，後天地死不為老，終日變化不算動。能夠把握這個精神，則雖然娶妻則不為淫，雖然享用供養則不為盜，雖然殺人則不為殺，雖然說些權宜的話卻不叫妄語，就算喝醉了也不算犯戒。這就叫無心。無心則無戒，無戒則無心、無佛、無眾生，也無你和我。無你無我，誰還能犯戒呢？」

嶽神告訴元圭：「我的神通僅次於佛。」元圭回答：「你的神通有五不能，佛的神通有三不能。」嶽神請講，元圭說：「你能上天上的七曜星上去嗎？」神說不能。元圭再問：「你能把五嶽合一，把四海連接起來嗎？」神說不能。

元圭接著說：「佛能空一切相，得一切智，但不能滅定業；佛能知道群生的億萬劫以前的事情，卻不能度無緣的人；佛能度無量的眾生，但卻不能把所有的人都度盡。這是佛的三不能。現象界事物看似紛繁複雜，但並無增減，在我看來，佛也沒有神通，只是他已經到了無心的境界，因為無心而通於萬物，如果佛有心，就無法施展所謂的神通。」

嵩嶽寺塔

　　嶽神聽後非常信服，他告訴元圭，我聽你的高論，當奉行你的戒律，非常想為您做些事。元圭說不需要。嶽神說，如能為您做些事情，展示我的神通，讓百姓知道佛有神護。元圭法師推脫不掉，只好說，東岩寺沒有樹作為屏障，北邊的山上樹很多，你能夠把北山上的樹移到寺前嗎？嶽神說，我知道了，晚上風雷搖震，請師傅不要害怕。於是就帶著儀仗隊浩蕩而去，綠色的霧靄、紅色的煙霞、紫色光芒、白色的氣體交錯於山間。

　　夜晚，果然電閃雷鳴，房屋震搖。元圭告訴眾僧不要害怕，這是中嶽神在施法，要將北山的樹搬到東山。第二天果然如此。元圭告訴眾僧，不要把此事告訴百姓，否則人們會懷疑我是妖人。但是後來縣尉知道了，就將這件事記了下來。

　　唐李邕《嵩嶽寺碑記》記載：

> （嵩嶽寺）廣大佛刹，殫極國財，濟濟僧徒，彌七百眾。落落堂宇，逾一千間。藩戚近臣，逝將依止，碩德圓戒，作為宗師。及後周不祥，正法無緒。宣皇悔禍，道葉中興。明詔兩京，光復二所，議以此寺為觀。古塔為壇，八部扶持，一時靈變，物將未可，事故獲全。

　　嵩嶽寺是很大的寺廟，是耗費國家的財富建立起來的，寺內人才濟濟，僧眾七百多人，房間有一千多間。皇親國戚、朝中重臣都來皈依，當世大德高僧駐寺，為一代宗師。北周宇文邕滅佛時期，寺廟遭到毀壞，到周宣帝時，詔令兩京，恢復兩所寺廟，曾有提議將閑居寺改為道觀，但閑居寺有古塔作為壇場，有天龍八部護佑，一時的變化，並未持久，後來又恢復為佛寺。

> 隋開皇五年，隸僧三百人。仁壽載改，題嵩嶽寺，又度僧一百五十人。逮豺狼恣睢，龍象凋落，天宮墜構，劫火潛燒，唯寺主明藏等八人莫敢為尸，不暇匡輔。且王充西拒，蟻聚洛師，文武東遷，鳳翔岩邑，風承羽檄，先應義旗，挽粟供軍，悉心事主。及傅奕進計，以元嵩為師，凡曰僧坊，盡為除削，獨茲寶地，尤見褒崇，實典殊科，明勅洊及，不依廢省。有錄勳庸，特賜田碾四所。代有都維那惠果等勤宣法要，大壯經行。追思前人，髣髴舊貫。

　　大隋開皇五年（585），閑居寺有僧三百人，仁壽年間（601～604）改名為嵩嶽寺，又度僧人一百五十人。隋末戰亂，寺廟遭到焚燒，塔剎也遭到破壞，僧人逃散，只有寺主明藏等八個人不願離開，逐漸恢復寺廟。王世充守洛陽，

抗拒李淵，唐軍匯聚在洛陽附近，嵩嶽寺僧響應唐軍的號召，為軍隊提供糧食。大唐建立後，傅奕與衛元嵩提倡廢佛，李淵也採取了限制佛寺的政策，但嵩嶽寺因為有功勳，沒有被裁汰，反而被賜予田碾四所。唐初嵩嶽寺有高僧惠果，為都維那。

> 十五層塔者，後魏之所立也，發地四鋪而聳，陵空八相而圓，方丈十二，戶牖數百，加之六代禪祖，同示法牙，重寶妙莊，就成偉麗，豈徒帝力，固以化開。其東七佛殿者，亦曩時之鳳陽殿也。其西定光佛堂者，瑞像之戾止。昔有石像，故現應身浮於河，達於洛，離京轂也。萬輂延請，天柱不回，惟此寺也，一僧香花，日輪俄轉。

嵩嶽寺塔，是北魏所立，聳立於四鋪之上，凌空而呈圓形，有十二個邊，每層每面都有一門二窗，一共數百個門窗，共計 180 扇門，336 扇窗，上面供奉著佛牙，莊嚴偉麗，如果沒有皇家的支持，是建不成的。唐代時塔東的七佛殿，就是北魏時的鳳陽殿，塔西的定光佛堂裏，有燃燈佛的瑞像。當初曾有石像，浮在河裏，漂到洛陽，又要漂離，洛陽僧眾紛紛請回，而石像仍然往外走。只有嵩嶽寺僧以香花供養，石像這才回轉。

> 其南古塔者，隋仁壽二年置舍利於群嶽，以撫天下，茲為極焉。其始也，亭亭孤興，規制一絕。今茲也，岩岩對出，形影雙美。……南有輔山者，古之靈臺也，中宗孝和皇帝詔於其頂，追為大通秀禪師造十三級浮圖。

> 及有提靈廟，極地之峻，因山之雄，華夷聞傳，時序瞻仰。每至獻春仲月，諱日齋辰，雁陣長空，雲臨層嶺，委鬱貞栢，掩映天榆，迢進寶階，騰乘星閣。作禮者，便登師子；圍繞者，更攝蜂王。其所內焉，所以然矣。

南面的古塔，隋文帝仁壽二年曾送舍利，以安撫天下，建立寶塔，建成時就亭亭玉立，為當時之一絕，現在則與周邊建築相應，形影雙美。……南面有古靈臺遺址，唐中宗皇帝曾詔令將神秀法師的十三級靈塔建在靈臺上。

還有個提靈廟，建立在山頂，海內外聞名，時有信眾前來瞻仰，每年到農曆二月，到了忌日齋會，海內外的各地信眾猶如大雁那樣來訪，他們在獅子座前作禮，像蜜蜂圍繞蜂王那樣繞塔而行。因為內有靈驗，所以才會這樣聲名遠播。

　　唐以後隨著洛陽與河南在全國政治地位的下降，嵩嶽寺也日漸衰落。到現在寺廟已經不復存在，只留下塔院。目前寺廟沒有恢復，只是作為旅遊景點向遊客開放。聯合國教科文組織第 34 屆世界遺產大會北京時間 2010 年 8 月 1 日審議通過，將中國的登封「天地之中」歷史建築群列為世界文化遺產，其中包括了嵩嶽寺塔。

第十三章　禪宗祖庭——登封會善寺

　　登封會善寺古建築群是登封「天地之中」歷史建築群的重要組成部分。會善寺與少林寺、嵩嶽寺、法王寺、永泰寺並稱為嵩山五大寺廟，但其悠久的歷史尚不為人所知，本節將為大家介紹會善寺的歷史與過去。

　　會善寺究竟始建於何時，現在還是個謎。清代所編的《會善寺志》云，該寺「始建於漢盛於魏。」並說跋陀法師本來居於此寺，後來才移居少林寺，並說少林寺「即會善寺之支流也。」其說法是孤證，並不完全可信。但會善寺最遲在北齊時已經存在。現存有《北齊會善寺造像碑》一通，原存於會善寺東院齋房裏，現移到河南省博物院保管。北齊後主高緯武平七年（576）十一月刻，高 147 釐米，寬 61 釐米，厚 16 釐米，字跡漫漶不清。〔註1〕由此看來，推測其始建於北魏，也有可能。

一、唐代會善寺的繁榮

　　進入山門是一個清淨的庭院，庭院中立有兩塊石碑，一塊是「佛祖宗派之圖碑」，碑文序列了佛教禪宗自六祖慧能以後分為南北兩宗，碑上刻有各宗派人的姓名或法號，是研究禪宗自六祖慧能以後分為南頓北漸的重要實物資料。另一塊是「唐嵩山道安禪師碑」。碑文已經漫漶不清，難以識別，幸而《金石萃編》卷 77 中有記載：

> 禪師法諱道安，俗姓李，生於開皇……大師弘忍傳禪要與蘄
> 下，……禪師順退避位……美於玉泉，……竟居嵩山會善寺焉。……

〔註 1〕王雪寶：《嵩山少林寺石刻藝術大全》，光明日報出版社。第 148 頁。

拂衣而起，卻遊以辭益指於荊州玉泉，已而返，……哲后躬親禪窟語……，景龍二年二月三日中夜，禪師忽而合門弟子等，……深以林□，因之野火，□焚而滅，……坐化。……是以弟子慧遠，……永慕師道，長懷友風……

會善寺山門

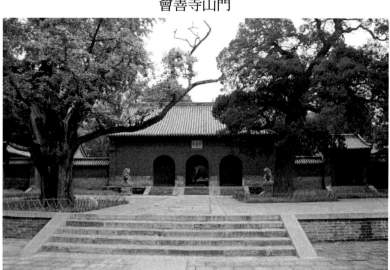

　　雖然錄文有很多缺失，但仍然可以看出這位道安禪師的生平梗概。他是禪宗五祖弘忍的弟子，後來住在嵩山會善寺，曾去過荊州玉泉寺，後又回到嵩山，「哲后」就是武則天，曾親臨禪窟請教，於景龍二年忽感不適，遺言遺體林葬，遺骨火化，繼而坐化，弟子慧遠立碑紀念。《高僧傳》中記載的《唐嵩嶽少林寺慧安傳》，與此碑文記載基本相同，可以認定碑文所講的功德主道安，就是《宋高僧傳》所說的慧安，也是禪宗史所講的「老安」。只有三點小有出入，《慧安傳》講俗姓衛，而碑文講姓李；《慧安傳》講其滅於景龍三年，碑文講滅於景龍二年（708）；《慧安傳》講其為少林寺僧，而碑文講為會善寺僧。

　　那麼，道安法師究竟是哪個寺廟的僧人？唐代史料《歷代法寶記》記載：「洛州嵩山會善寺請老安禪師，則天內道場供養。」〔註2〕《楞伽師資記》也記載：「洛州嵩山會善寺大師，諱安。」〔註3〕而《宋高僧傳》則稱「唐嵩嶽少林寺慧安傳」。相比而言，前兩者為唐代史料，《唐嵩山道安禪師碑》更是道安弟子慧遠所造，他們都記載道安禪師為會善寺僧，不會有錯。相比之下，《慧

〔註2〕《歷代法寶記》卷1，《大正藏》第51冊，第184頁上。
〔註3〕《楞伽師資記》卷1，《大正藏》第85冊，第1290頁上。

安傳》則為二百年後的記載，可信度不如前者。因此，筆者相信禪宗史所說的老安，俗姓李，是會善寺僧人，圓寂於景龍二年。

　　道安法師因比其老師弘忍年齡大而被稱為老安，他在佛教史上聲名卓著，資料並不缺少。女皇武則天曾親臨會善寺拜訪道安法師，《宋高僧傳》卷18記載：

　　　　天後嘗問安甲子，對曰：不記也。曰：何不記耶？乃曰：生死之身如循環乎？環無起盡，何用記為？而又此心流注中間無間，見漚（水泡）起滅者亦妄想耳。從初識至動相滅時，亦只如此。何年月可記耶？〔註4〕

會善寺道安禪師塔

　　武則天詢問道安法師的年齡，道安回答說忘記了，不知道自己多大。則天問為什麼不記自己的年齡？道安回答：生死輪迴猶如環之無盡，年齡就像水泡那樣忽起忽滅，這都是人間幻相，是心不清淨而逐相而動的結果，對於有成就的人來說，已經不再執著於此。女皇聽後很是佩服，就待以師禮，賜予紫袈裟，尊道安為國師。他的禪法，強調「立身」與「安樂」，並不拘泥於經典，似乎很看重世俗需要。晚年的道安獲得了很大的聲譽，連炙手可熱的韋后也親臨他的禪窟請教。據載弘忍生前曾說過「學人多矣，唯秀與安」的話，可見弘忍對神秀與老安非常看重。道安法師享年一百三十多歲。從隋朝開皇二年（582）活到唐中宗景龍二年（708）。道安的得法弟子有騰騰和尚，自在法師與陳楚

〔註4〕（宋）贊寧：《宋高僧傳》卷18，《大正藏》第50冊，第823頁中。

章。騰騰和尚，住於洛陽福先寺，法號仁儉。陳楚章則是俗家弟子，曾傳法給後來四川保唐禪派的創始人無住。自在法師盤踞於太原，也是一代名僧，保唐無住是自在法師那裏受的戒。從後來無住的禪法看，保留了老安禪派的基本特徵，可以說，無住的禪法，是嵩山老安禪系與淨眾禪系的融合結果。

道安之後會善寺高僧有敬賢法師。敬賢原是神秀的弟子，與普寂、義福、惠福並列而為神秀門下「四賢」。後來善無畏來華傳播密法，敬賢就拜他為師。《玄宗朝翻經三藏善無畏贈鴻臚卿行狀》卷1記載：

嵩嶽會善寺敬賢禪師從無畏三藏，受菩薩戒羯磨儀軌，諮問大乘微妙要旨，西明寺惠警禪師撰集為一卷禪要是也，彼敬賢者恐神秀禪師門資敬禪師事歟。〔註5〕

唐代著名的天文學家一行法師，曾在會善寺建立戒壇。會善寺現藏有「會善寺戒壇碑」，碑文記載「大德一行禪師⋯⋯元同律師□□，創造殿宇。」〔註6〕戒壇遺址位於會善寺西的半坡上，曾出土「會善寺戒壇造像碑」，為唐代遺物。一行法師本是嵩陽寺僧人（今嵩陽書院），是普寂禪師的弟子。後來師從善無畏，學習胎藏界密法，曾著《大日經疏》，是唐密的創派祖師。一行法師還於開元十三年（725年）開始編修新曆，開元十五年編成《大衍曆》。這是當時最先進的曆法。為此他還測量了地球子午線的長度，也是世界上的第一次。

唐代會善寺的著名僧人還有淨藏禪師。在會善寺西側大約三百米，矗立著淨藏禪師塔。建於唐天寶五年（公元746）。塔銘記載：

大師諱藏，濟陰郡人也。十九歲出家，六載持誦金剛般若、楞伽、思益等經，瀉瓶貫□，諷味精純。來至嵩嶽，遇安大師，親承諮問十有餘年。大師化後，遂往韶郡詣能和尚，諮玄問道，言下流涕。遂至荊南尋睹大師，親承五載，能遂印可，付法燈，指而北歸。

淨藏大師是今菏澤人，十九歲出家，學習般若、楞伽等經典，頗有成就，曾在嵩山道安禪師門下學習十幾年。道安禪師坐化後，他南下韶關拜訪慧能禪師諮玄問道，但慧能去荊南弘法，他到荊南找到慧能大師，在他門下學習五年，獲得慧能的印可，然後北歸。

〔註5〕《玄宗朝翻經三藏善無畏贈鴻臚卿行狀》卷1，《大正藏》第50冊，第659頁下。

〔註6〕（清）王昶：《金石萃編》卷94。

　　至大雄山玉像蘭若，一從棲寓三十餘國，名聞四海，眾所知識。復至嵩南會善西塔安禪師院，睹茲靈跡，實可奇耳，遂於茲住。關乎聖典，乃造寫藏經五千餘卷。師乃如如生眾，空空烈跡，可、璨、信、忍。宗旨密傳，七祖流通，起自中嶽。師恭心包萬有，慧照五朋，為法侶津梁，作禪門龜鏡。於是化緣河洛，屢積歲辰。

會善寺淨藏禪師塔

　　先到大雄山玉像寺住錫，從其學習者來自三十餘國，遂名聞四海，眾所周知。再回嵩山會善寺道安禪院，發現靈跡，就在會善寺住了下來。寺內缺少佛教經論，淨藏禪師就抄經造論，達五千多卷。繼承達摩、慧可、僧璨、弘忍、慧能而為七祖。淨藏法師心包萬有，慧照五蘊，是法門棟樑，禪門的導師，他經年在河洛地區弘法，利益群生。

　　萬憚劬（qu，勤勞）勞，成崇聖教，春秋七十有二，夏三十八臘，無疾示疾。甜息禪堂，端坐往生，歸乎寂滅。即以其歲天寶五年歲次丙丁十月午時，奄將神謝。門人慧雲、智祥、法侶弟子等，

莫不攀慕教緣，奢花雨淚。哀戀摧慟，良可悲哉！敬重師恩，勒銘
建塔，舉高四丈，給砌一層，念多寶之餘身，想釋迦之半座。

　　淨藏法師不辭辛勞，弘揚聖教，在 72 歲那年，無疾而示疾，在禪堂端坐
往生，時間是在天寶五年（746）十月。門人慧雲、智祥等想到恩師生前的教
導，都涕淚俱下，悲聲一片。於是給恩師建塔刻銘，希望他能像多寶佛與釋迦
佛那樣，高住於寶塔之中。

高僧嵩岩劫，增心星聚照。智月清升坐，切深遠靈跡。時徵身
惟上，德成茲法興：其一：五法三性，八萬四千，帝京河洛，流化
通宣。不憚劬勞，三五載間，造寫三藏，頓悟四禪。其二，三摩缽
底，定力孤堅，悲通法界，慈洽人天，法身圓淨，無言可誄，門人
至孝，建塔靈山。

　　高僧住在嵩山岩石上，就像在星光燦爛夜空，端坐在月影裏，影響深遠。
淨藏法師身上，在兩個方面都很有成就：其一，弘法效果卓著，佛教經論水平
高，弘法效果好。其二，禪定工夫好，法身圓淨，無有煩惱。其門人至孝，為
其在嵩山上建塔。

　　從塔銘可知，淨藏法師原來是道安的弟子，在道安圓寂後，他南下拜慧能
為師，並獲得慧能的印可後，北上弘法，被弟子稱為禪宗七祖。他具有很高的
佛學理論水平，善於抄經造論，這與後來禪宗宣傳的「不立文字」，很不一樣。
淨藏法師北方弘法，是南禪第一次進入北方，可能比後來菏澤神會的北上更
早。神會在滑臺大雲寺舉行無遮大會，時間是在開元二十年（732）。塔銘還告
訴我們，慧能本人曾到荊南弘法數年，這是以往的禪宗史沒有注意的。慧能的
北上荊南，淨藏北上嵩山，神會北上洛陽，前後相隨，不由得讓我們相信，南
禪的北上，也許是慧能的指令。

　　儘管禪宗曾一度盤踞會善寺，但總的來說，唐代會善寺是以律馳名的。一
行和尚與元同禪師共同主持創建的琉璃戒壇，使會善寺成為當時嵩洛地區的
佛教傳戒中心。以後的會善寺，實際上就是個律寺，以戒律馳名海內，很多唐
代名僧都到會善寺求戒。禪宗史上有名的南泉普願，就是在會善寺嵩禪師那裏
受的戒。計有唐杭州秦望山圓修，餘杭徑山院釋洪諲等都是當世高僧。洪諲在
黃巢兵亂時，黃巢一偏帥帶千餘人去他的寺廟，他安坐不起，偏帥大怒，拔刀
在他左右亂劈，他面不改色，最後該人率軍悻悻而去。

二、唐以後的會善寺

　　唐以後會善寺仍是嵩山地區的知名律寺。五代時東京相國寺的貞峻法師，是道教張果老的後裔，後在相國寺出家，學習律學，他也是在會善寺受的戒。

　　北宋時期，大文學家司馬光曾到訪會善寺。《澠水燕談錄》卷四記載：

　　　　司馬溫公優游洛中，不屑世務，棄物我，一窮通，自稱曰齊物

　　　　子。元豐中，秋，與樂全子訪親洛汭，並彎過韓城，抵登封，憩峻

　　　　極下院；趨嵩陽，造崇福宮、紫極觀；至紫虛谷，尋會善寺。

　　明代大探險家徐霞客曾到訪會善寺，《遊嵩山日記》記載：

　　　　西八里，入登封縣。西五里，從小徑西北行。又五里，入會善

　　　　寺，「茶榜」在其西小軒內，元刻也。後有一石碑僕牆下，為唐貞元

　　　　《戒壇記》，汝州刺史陸長源撰，河南陸郢書。又西為戒壇廢址，石

　　　　上刻鏤極精工，俱斷委草礫。

　　徐霞客所見的樣貌，除了元代石刻的「茶榜」已經不再以外，其他都保存完好。

　　清代乾隆皇帝曾到訪會善寺。今大雄寶殿前立有一塊「乾隆御詩碑」。乾隆十五年（1750年），清高宗弘曆巡視中嶽，由洛陽到登封，夜宿少林寺，次日暢遊會善寺，興會之餘賦詩一首，刻於石碑。

　　2010年7月30日，聯合國教科文組織第34屆世界遺產大會北京時間8月1日審議通過，將中國的登封「天地之中」歷史建築群列為世界文化遺產，包括會善寺古建群、少林寺常住院、塔林和初祖庵等在內的8處11項古建精華升格為世界級的文化景觀。

第十四章 中國現存最早的比丘尼道場
——嵩山永泰寺

在少林寺與會善寺之間的半山腰，坐落著中國現存最早的比丘尼寺，這就是歷史悠久的永泰寺。

登封永泰寺

關於永泰寺的由來，唐代天寶十一年（752）三月五日所寫的《大唐中嶽永泰寺碑頌並序》有詳細的介紹：

觀夫聖應無方，等曜靈之流萬象；覺海玄曠，若溟渤之含百川。

凝然居眾妙之先，煥矣處有空之際。於是慈光西燭，慧液東飛，廣

開權實之門，爰啟布金之義。粵茲寶界，創自後魏正光二載，即孝
明帝之賢妹也。乃居寵若驚，克修雅志，碻（que，同確）乎出俗。
入道為尼，以誠信有徵，敕為置明練之寺。兼度士庶女等百有人矣。
頃遇周武不敏，正教凌夷，至隋氏開皇，更加修復，又度尼二十一
人以崇景福。暨有唐貞觀三載，議將尼寺居山，慮恐非人侵擾，敕
令移額於偃師縣下置，此因廢焉。

佛陀顯化四方，到處都有靈跡存在；佛智玄遠，正如大海能容納百川。佛
界凝然，居眾妙之先；佛界煥然，處空有之際。於是在西方的印度燃起慈燭，
智慧的河流徜徉到東方，廣開權實二乘教法，教會東土百姓施捨的善舉。這座
寺廟，創始於北魏孝明帝正光二年（521），明帝的妹妹明練公主，不願在皇室
享受富貴，甘願到山中清修為尼，明帝於是為其建立明練寺，就是永泰寺的前
身，同時度士庶女子一百多人。後來北周武帝宇文邕滅佛，寺廟被毀壞。到了
隋代開皇年間，寺廟又被修復，並度二十一名尼僧居住，以為社稷添福。到了
大唐貞觀三年，有人議論，尼寺僻居山裏，恐怕招來非人的侵擾，於是敕令尼
眾搬到偃師安置，明練寺就此廢棄。

至神龍二載七月二十五日，有嵩嶽寺都維那僧道瑩奏聞，此故
寺依山帶水，形勝幽棲，不假多工，便堪居住，伏惟故永泰公主，
器韞沖和，承規帝闕，庶增瓊萼，冀保瑤枝，何圖庚代辭榮，遷神
遂遠。二聖痛金娥之殞兆，人興玉碎之悲凡，厥有情孰不傷悼。至
論潛佑必賴薰修，伏望天恩，為永泰公主於前件故伽藍置寺一所，
請以永泰為名，特望度僧二七人，庶使福資冥路，竊惟聖不孤運，
會緣必興，建寺立僧，實由於此。

到了唐中宗神龍二年（706）七月二十五日，嵩嶽寺都維那僧道瑩上奏，
明練寺依山帶水，適合隱居，不用費多少人工，就可以居住。已經故去的永泰
公主，氣韻沖和，金枝玉葉，不料竟然早早拋棄榮華，辭親而去。二聖（李顯
與韋后）痛惜金娥之殞亡，愛女玉碎之變故，但凡有情誰不悲傷。考慮到公主
的亡靈需要佛祖的護佑，希望皇帝陛下能為永泰公主在故明練寺置伽藍一所，
以永泰為名，望度僧人十四人，必能使公主在冥界添福，緣分一到，就能再興。
建立寺廟，度僧尼出家，就源於此。

自茲以降，暨乎至今，有別敕配居或牒兩京名德，翼翼清眾五
十餘人，咸以軌範端融，心澄海月，鵝珠育物，禮誦無虧。常懷報

國之恩，庶願福增皇祚。千佛二古塔者，昔明練之所起，亭亭四照，巍巍搖空，龕室玲瓏，重光迴暎，其間大窣堵波者，隋仁壽二載之所置，文帝應命，感應稀奇，忽得舍利一瓶，雪毫燦爛，火焚益固，擊之愈明。乃詔天下梵場，令起塔供養，為蒼生之祈福也。規制妙絕，神工未方，永鎮檀林，以昭盛烈。

從那時到今天，還有另外敕令入住的兩京大德以及品德高潔的僧眾五十餘人，都是戒律端嚴，心淨如月，智慧如海，禮誦無虧的高僧，他們常懷報國之恩，願意以禮佛而增福皇祚。寺內的千佛與二古塔，是昔日明練公主所建，聳立於寺內，玲瓏而莊嚴，巍巍而搖空。二塔中間的大窣堵波，是隋朝仁壽二年（602）所建。當初隋文帝應命登基，感應得到舍利一瓶，光芒燦爛，越燒越堅固，越擦越明亮，於是發送舍利到天下道場，起塔供養，為蒼生祈福。窣堵波規制玄妙，有神工之方，永鎮檀林，以昭盛烈。

東有兩支提者，昔寺主道瑩上座崇敬遺教，門人之所造也。二長老僧悉國寶，振古超今，息化歸真，法俗追悼，故起斯塔。前門樓、浴池、食堂、經藏者，即大德曇陟律之所構也。律師宿智圓明，知微查物，少編僧瑓，風骨天然，精持大乘，元通數部，不住無相，兼崇有為。

永泰寺大雄寶殿

東邊有兩個支提舍利塔，是當初寺主道瑩上座崇敬故去的二位長老，讓門人建造的。這兩位長老都是國寶級的大德高僧，圓寂歸真後，僧俗懷念，故而起塔。寺廟的前門樓、浴池、食堂、經藏等建築，是曇陟律師建造的，律師宿

智圓明，年紀很輕就入僧籍，資質很高，持大乘佛法，精通數部經論，不消極隱修而積極弘法救世。

> 沙門思悟者，心燈獨知，跡無住處，諸佛遺旨，必能竭其筋力，諸魔動念，必不愛其死生，乃跋涉江山，樸鬥杞梓，食堂之力頗有助云。

永泰寺僧思悟，對佛法真諦深有體悟，對於諸佛遺旨，必然竭力完成；諸魔動念，必定不愛死生，跋山涉水去對治，他四處籌資，對於食堂的建立很有幫助。

> 九級浮屠者，比丘真一敬為故兄寺主真藏之所建也。禪師積德累仁，果曾茲惠，玉昆金友，俱離塵籠。弟子沙門志堅，乃陳留郡封禪寺都維那僧，希晏等敬，為和上樹茲景業，藏寺主絢彩凝化，心鏡虛朗，再成寶殿，重立尊儀，但有缺遺，盡加營葺，並鑄大銅鐘一口，重四千斤，函二十石，裝飾嚴麗，備物惟新。金容將滿月齊輝，玉相與日輪爭曜，簷宇四繞，迴廊復周，蹬道凌虛，懸階數幣。風鈴夜警，聲聲流解脫之音；曉焚朝吟，一一贊苦空之偈。嘉木繁殖，祥花接異。果恒春膏柳垂，奇松結蓋而雲際。

寺院中的九級浮屠塔，是比丘真一為其故去的師兄、寺主真藏所建的。真藏法師積累德行，功德與智慧都很高深，往來都是金玉良友，早已離開塵俗的牽絆。他的弟子志堅，乃是陳留郡封禪寺的都維那僧，敬佩老師的德行，為紀念老師提供支持，為真藏法師塑像建立寶殿，只要有缺少的，都儘量營葺，並鑄造大銅鐘一口，重四千斤，函二十石，裝飾嚴麗。建成的建築可以與日月的光輝相比，簷宇來迴環繞，樓梯懸空回復，在空中來回數匝。夜裏風鈴響起，聲聲流出解脫之音；早晨僧人焚香吟唱，都是空苦之偈。名貴的樹木在院中種植，奇異的花兒一個接著一個綻放，各種各樣的果實掛在樹上，到了春天，柳樹的枝葉搖擺在風中，高大的松樹猶如傘蓋，高高的直衝天際。

> 前寺主道演，前上座智光，前都維那元順，皆體道歸一，異本同源，逍遙林泉，踰履雲壑。復有沙門法意、敬一等，至樂大乘，沈心不二，一日必葺，當賈勇而行諸六時，精勤縱力，極而不費。

前寺主道演、前上座智光，前都維那元順，都是體道歸一，逍遙林泉的高士，沙門法意、敬一等，喜愛大乘，專注佛法不二之境，每天都堅持六時修行不輟，精進勤勉，造詣高卻很低調。

　　其寺也，嵩岩右脅，龍律左傍，前眺案崗，萬公居後。地形澄
涇（yin，沉澱物），幽蹊對靈鎮之臺；山勢巍峨，峰頂與曾巒俱峻。
昔跋陀三藏，懸記此方，人安眾和，福利彌廣。時上座明信、寺主
道俊、都維那敬一，並操履霜潔，動成紀綱。德義相茲，同知寺任，
苟恐三輪一轉，海際塵驚，若不刊勒貞謬，何以表之。靈跡靖彰，
內漸深定，外謝多聞，敢違宿心，昧揚休烈。其詞曰：

永泰寺塔

　　永泰寺，右邊傍著嵩山，左邊拷著龍律山，靠著後面的萬公山，前面可以
遠眺案崗，地處在山間的平地，幽徑可以通到靈臺；地勢巍峨，周圍山巒峻美。
昔日跋陀三藏，曾來此地，記載這裡人安眾和，福利廣澤。當時上座僧明信、
寺主道俊、都維那敬一，都是戒行高潔，行為符合綱紀，德行相互促進的高僧，
一同在寺內任職，恐怕時間過去，眾人的事蹟如不勒石刻功，怎能讓後人知道
呢。記述這些靈跡，安定自己的內心，讓好奇的人知道事情的緣由，不敢辜負
眾人的心意，埋沒眾人的功德。於是我寫下銘文：

　　佛性微，遍含識，隱顯自在兮；無量力，開秘藏，耀無疆，寶
刹嚴凝兮；仙路長，韻慈鐘，震懸極，警眾沉昏兮；清閫（kun，門
坎）域，光勝宅，啟津梁，淨彼地獄兮，與天堂。昔明練，今永泰，
跋陀遠記兮；斯為大，刻珍石，炳微言，曠代昭宣兮萬祀傳。

　　佛性微妙，遍在含識眾生，自在地或隱或顯。佛法力量無窮，能夠開發眾生的秘藏，讓佛性猶如寶塔般顯現。過程極其漫長，期間用慈祥做警鐘，震動站在懸崖邊的人，廓清寰宇，光明宅地，建立救度的橋樑，救度地獄的生靈，給予天堂。昔日的明練寺，今天的永泰寺，跋陀三藏曾經有文記載。這些都是大義，刻在精美的石頭上，蘊含在微言中，歷代代而萬年流傳。

　　從以上碑文可知，永泰寺的前身，是以北魏孝文帝的妹妹明練公主命名的明練寺，具體創立的時間是北魏正光二年（521），是明練公主出家為尼而建立的。北周武帝宇文邕滅佛期間，寺廟被毀壞，隋朝開皇年間，再被恢復，仍為尼寺。大唐貞觀年間，因尼僧居住在深山，恐遭非人侵擾，於是唐太宗敕令尼眾搬到偃師居住，寺廟荒廢。到了唐中宗神龍二年（706）七月二十五日，嵩嶽寺都維那僧道瑩上奏，為了給故去的永泰公主李仙蕙追冥福，將寺廟改為男寺，命名為永泰寺，重新入住僧眾。

　　永泰公主李仙蕙（685年～701年10月9日），字穠（nóng）輝，是唐中宗李顯的第七女。韋皇后所生之女中排行第三，初封永泰郡主。李仙蕙在其父李顯復位東宮之後，以郡主身份下嫁武承嗣長子武延基。

　　大足元年（701年）九月，李仙蕙的兄長懿德太子李重潤和丈夫魏王武延基私議張易之、張宗昌兄弟與武則天內幃之事，為武則天杖殺。據1960年9月出土的永泰公主墓誌銘記載，事件發生後第二天，身懷有孕的李仙蕙因難產而死，但《資治通鑒》、《舊唐書》、《新唐書》等史書記載永泰郡主亦死於坐罪。中宗復位後追贈李仙蕙為永泰公主，以禮改葬，號墓為陵。她是中國歷史上唯一一個墳墓被冠稱為「陵」的公主，規格與帝王相等。

　　永泰公主李仙蕙，唐長安元年（701年）死在洛陽，時年僅17歲，後與她丈夫武延基合葬在一起，陪葬乾陵。1960年，在陝西乾縣北部發現了永泰公主的墓地，並出土了著名的《大唐永泰公主墓誌銘》：

　　　　臣聞絳河（按即銀河）南澳，天女懸於景緯（按即日與星）；湘
　　巖北渚，帝子結於芳云。是以彼羲者，唐贊肅雍之禮；坎其擊鼓，
　　殷作配之儀。則王姬之寵靈光赫，其所由來者尚矣。公主諱仙蕙，
　　字穠輝，高祖神堯皇帝之玄孫，太宗文武聖皇帝之曾孫，高宗天皇
　　大帝之孫，皇上之第七女也。偉矣帝唐，麗哉神聖，故以轔轢（linli）
　　於王表，葳狋於□國，尚矣。

永泰寺中佛殿

　　我聽說天上銀河的南邊，織女星懸於日月之間；衡嶽的北部，堯帝之女娥皇、女英對舜帝的思念凝結在雲端。《詩經·小雅》中的《菁菁者莪》一詩，頌揚的是莊嚴隆重的禮節，《詩經·國風·邶風》中的《擊鼓》一文，講的是青年男女匹配之儀。由此可見，公主們所受到的寵愛與關注，自古以來就是如此隆重。永泰公主李仙蕙，字穠輝，高祖李淵之玄孫，太宗李世民之曾孫，高宗李治之孫女，當今皇上之第七女也。公主出自赫赫大唐，故其神聖而美麗的儀容，超過前代諸國的公主們。

　　　　公主發瑤臺之光，含珠樹之芳，蓄兒靈以纂懿，融須編而啟祥。
　　神授四德，生知百行，郁穆韶潤，清明爽烈。瓊莈泛彩，拂穠李之
　　花；翠羽凝鮮，綴香苕之葉。是以奉言彤史，承訓紫闈，敏學云□，
　　雕詞錦縟。歌庶姜之絕風，吟師氏之明誥。動必由禮，備保傅之容；
　　言斯可則，興后皇之歡。慧志周渝，韶音允塞，天光誕集，枺冊遄
　　開，寵盛簪珥，邑延湯沐，大啟平陽之園，俄聞單伯之送。以久視
　　元年九月六日，有制封永泰郡主，食邑一千戶。

　　公主發瑤臺之光，含珠樹的芳香，有編寫書籍的靈氣，有針織的女德，天神授予其美德，天生就會各種才藝，猶如樹蔭能夠使人愜意，猶如美玉般讓人肌膚滋潤，猶如清晨的空氣讓人清醒，猶如夏日的清風讓人乾爽，如瓊花般眩人耳目，如盛開的梨花那樣搖曳多姿，像翠鳥的羽毛那樣鮮豔，香苕的葉子一

樣嬌嫩。公主自幼接受女官的訓導，聰明好學，文辭優美，能歌齊地的詩句，能吟師氏的誥命。行為符合禮儀，能得到師傅的嘉許，說話堪做表率，能讓父皇母后感歎。公主志向遠大而恒持，所交往的都是良師益友，因此各種美好都匯聚到公主身上，皇帝也很快就下達了敕封的文冊。寵愛增加了各種賞賜，賜予她采邑和莊園，接著就給她安排了盛大的婚禮。以久視元年（700）九月六日，封為永泰郡主，食邑一千戶。

> 嗣魏王武延基，濯龍英戚，嘉魚碩望，國樂攢於厥躬，琳琅奪於群寶。闕父之子，獨預王姻；齊侯之家，仍為主第。結縭門，□粹河洲，寶弓藏櫝，紛泌泉之上；神璯蘊笥，爍炎庫之庭。紫罽盈軒，黃珪委綬，澤□結鎖，番奩（lian）凝鏡，蔚金翠於西城，降歌鐘於北闕。

武承嗣之子魏王武延基，像龍一樣有英氣，在眾人中享有眾望，集美好的才能於一身，在貴族子弟中超凡脫俗，雖然失去了父親，卻能與王姬聯姻，王侯之家，仍為國中的顯赫家族，高攀天庭，與公主成親。他的才能，猶如寶弓雖然藏在盒子裏，弓弦卻不斷躍動；又如玉璯雖然收在箱子中，仍能在庫房中閃耀。乘坐的是紫色的鑾駕，懸掛著黃色的綬帶，鎖子甲閃耀著光澤。外國進貢的箱子中盛放著公主的首飾，黃金首飾與寶石是在西城定做的，出嫁的樂隊來自北闕。

> 自蛟喪雄鍔，鷺愁孤影，槐火未移〔註1〕，柏舟空泛〔註2〕，珠胎〔註3〕毀月〔註4〕，怨十里之無香〔註5〕；瓊萼凋春，忿雙童〔註6〕

〔註1〕槐火之典取自《莊子》外物篇：「木與木相摩則燃，金與火相守則流，陰陽錯行，則天地大絃，於是乎有雷有霆，水中有火，乃焚大槐。」陰陽錯行的火焚燒大槐，喻指武延基被殺。

〔註2〕柏舟典出自《毛詩·鄘風·柏舟》篇，其序稱：衛太子共伯早死，其妻共姜作《柏舟》詩，自誓不再嫁。是喻永泰公主守寡。

〔註3〕漢楊雄《校獵賦》有「方椎夜光之流離，剖明月之珠胎。」唐顏師古為之注解說：「珠在蛤中，若懷妊然，故謂之胎也。」珠胎指的就是懷孕。

〔註4〕胡道靜在《夢溪筆談校正》中說：「月虧而蚌蛤消，露下而蚊喙折。」古人把「珠」與「月」的關係密切。這裡指永泰公主懷孕，即「珠胎」遇到的不是「月滿」或「明月」，而是「月虧」，故「珠胎」不能全，謂之「毀月」。

〔註5〕中國素有大人物降世，其胎異香十里不散的傳說。

〔註6〕其典故出自左丘明《左傳·成公十年》：「（晉景）公疾病，求醫於秦。秦伯使醫緩為之。未至，公夢疾為二豎子，曰：『彼良醫也，懼傷我，焉逃之？』其一曰：『居肓之上，膏之下，若我何？』」晉景公因而去世。

之秘藥。女娥籛（chi，類似笛子的樂器）曲，乘碧煙而忽去；弄玉
簫聲，入彩雲而不返。嗚呼哀哉！以大足元年九月四日薨，春秋十
有七。

永泰寺碑

　　自從蛟龍喪命於利刃之下，鸞鳳便形單影隻，夫君武延基被殺後，公主滿
目哀戚，胎兒未安全生下，公主就已經凋零，真是忿恨作祟的病魔啊！女嬌娥
伴著曲子，乘碧煙而去，猶如當年秦穆公的公主弄玉，伴著簫聲，飛入彩雲，
再不返回。悲哀呀，永泰公主李仙蕙，以大足元年（701）九月四日亡去，享
年十七歲。

　　　　皇帝在昔監國，情鍾築館，悲蒼昊之不仁，歎皇縈之無祿。寶
　　圖伊始，天命惟新，顧復興念，追崇峻典。銅岩北麓，劍水東湍，
　　賦列千乘，家開萬井，疏肜壤之贍腴，錫□泉之首命。讀平原之誄，
　　已徹神明；循谷也之篇，竟聞同穴。

　　中宗皇帝當太子監國時，為公主的事情傷心，哀上天對皇女不公，歎公
主福薄命苦。李氏復國後，天命惟新，恢復李唐的舊制度，從最南邊的銅岩，
到最北的劍水邊（今西伯利亞葉尼塞河上游），萬象更新。家家開井取水，疏
鬆土壤，讓其變得肥沃，引出泉水灌溉，使大地煥發出生機。讀到記錄公主
言行的誄文，想到要為公主加封爵位，按照慣常的習慣，應將公主與駙馬合
葬。

以神龍元年追封為永泰公主。粤二年歲次景午五月癸卯朔十八日庚申,有制,令所司備禮與故駙馬都尉合窆於奉天之北原,陪葬乾陵,禮也。縞駕紛紛,頹旌掃雲。香桂□滅,哀挽風分。紅癬濃分碑字古,蒼山合分山道曛(日沒),珠襦玉匣竟何向,石馬陵邊皇女墳。其銘曰:

於是在神龍元年(705)追封為永泰公主,第二年五月十八日,詔令將永泰公主與駙馬合葬於奉天北原,陪葬乾陵。送葬當日,白色的馬車排成長隊,旗幟如雲,香桂花謝,哀挽風吹,天邊的紅雲濃烈,映像在碑文的篆體字上,蒼山連綿,山路崎嶇在落日的餘暉中,公主生前用過的衣服和首飾,都埋到了石馬陵旁邊的皇女墳中。銘文曰:

寶系重光,葳蕤焜煌。於穆不已,明明天子。克誕王姬,顏如桃李。桃李伊穰,王姬肅雍。柔嘉弈德,婉嫚其容,其□允淑,既溫而肅。銑鏡含葩,瓊蕤可掬。委委蛇蛇,如山如河。風棲樓柱,龍盤織梭。百行無闕,降嬪登月,雙帶結縞,六珈環髮。神劍難駐,仙雲易歇。仙雲歇分慟睿情,玉管飆揚無留聲,蠨蛸(xiāo shāo,蛛網)飛分錦笥(si,衣架)滅,蝘蜓(yanyan,壁虎)去分銀屏傾。哀縞挽分露□解,徂靈輴(chūn)分日少晶。奉天山分茫茫,青松黛栝森作行,泉閨夜臺相宵窢,千秋萬歲何時曉?

高貴的血統,葳蕤重光,大唐天子,生下王姬,顏如桃李,雍容華貴,溫柔有德,儀態萬方,舉止得體,溫柔而端莊,猶如綻放的花蕾般鮮豔,更如罕見的瓊花般可人,出行時有如山的車隊,入住的是雕龍的樓閣。公主百行無缺,降為王姬又奔月而去,綬帶結著帔巾,瓔珞披在雙肩。可歎神劍難以常駐世間,仙雲容易停歇。公主的仙逝讓人悲慟,玉管的聲音隨公主而去,從此再不會留下聲響;蛛網隨風而去,衣架也散落一地,壁虎爬走了,銀安殿傾倒了,滿目的縞素讓人哀傷,送靈柩的車子讓太陽都昏暗了。從此與蒼茫的青山為伴,在青松林中行走,泉水叮咚,成為閨友,只能與陵墓的窗臺相倚,千秋萬歲到何時呢!

該銘文是由當時名家「太常少卿兼修國史臣」徐彥伯奉勅撰寫,徐彥伯是當時的文章高手,寫出的誄文果然不同凡響,給一個遭殺害的皇女寫墓誌,如果直書死因,往往會給死者及其家屬、後代帶來難堪,尤其被害的人與自己是同一時代的人,又貴為公主,若寫不好,不僅牽涉到整個皇族的顏面問題,很

可能自己的生命，所以作者只能採取避重就輕的辦法，巧妙地運用比喻和典故，寫出了這篇誄文。

　　寺院附近有金代均庵主塔，位於永泰寺院後約 30 米處，建於金大安元年（1209 年）仲冬，為四邊形雙層磚塔。還有明代肅然無為之塔，是明代肅然法師和無為法師的合葬塔。該塔位於永泰寺唐塔東北約 150 米處，建於明崇禎十一年（1638 年），為喇嘛式磚塔。說明金明時期，該寺仍然繁盛。

　　今天的永泰寺以佛教尼眾文化為特色，是中原地區著名的尼寺。隨著 1982 年《少林寺》電影的熱播，劇中牧羊女牧羊的取景地正是永泰寺，至今還留有「牧羊女樹」，登封旅遊的發展使得永泰寺重現昔日光彩，知名度大大提高，遊客人數漸增，並接待大量國際友人（如韓國高僧佛心大法師等），根據永泰寺的文化背景，新近成立了永泰寺女子武術學校，永泰寺正走向新的未來。

第十五章　伏牛山下古今傳——
洛陽嵩縣雲岩寺

　　嵩縣雲岩寺，是八百里伏牛山裏最知名的佛教寺院，但是其歷史尚不明晰。本文試從唐代的雲岩寺、明代的雲岩寺、明代雲岩寺的僧兵幾個方面，為大家介紹其史略。

一、自在法師與唐代雲岩寺的創立

　　嵩縣雲岩寺的開山祖師為唐代著名的伏牛自在法師。他是富有傳奇色彩的禪宗南宗洪州宗的創始人馬祖道一的弟子。馬祖道一曾以「即心即佛」、「非心非佛」、「平常心是道」的理論而知名於天下。

雲岩寺大殿

　　明喬縉《伏牛山雲岩寺記》裏對自在法師創建雲岩寺的歷史有記載：「始唐自在禪師訪遜開創，師吳興人，姓季氏，依徑山禪師，受具後於南康見馬大師，發明心要因承馬師，命持書謁中國師，將行，諮大師曰：弟子別後歸何所止。大師曰：逢牛可止。遂即其道達此境。聞俗呼野牛嶺，乃詢其故，對曰：聞有牛齧人，甚狠惡，雖獵者猶懼。師默憶前記躊躇而進。方至凸嶺，值此神異，遂祝之曰：果符先師之言，爾乃前導吾從後隨。牛即泯然從導，且行且顧，及涉西寺之基皆蹲踞，少時及絕頂，牛忽不見，俄而煙霧晦冥，雷音震壑，變化莫測，乃知牛即神龍一化耳。此開創之由也。」（康熙三十二年刊本《嵩縣志》卷八）自在禪師曾受馬祖的派遣去拜見南陽慧忠國師，臨別時他向慧忠國師請教，說自己想找個名山靜修，去哪裏好呢？國師說，逢牛則止。當自在法師經過嵩縣南山時迷路，路人告訴他，此山名野牛嶺，有野牛傷人，連獵人也不敢過，法師就一個人就不要過了。自在法師忽然想起國師所說「遇牛則止」的話，感覺此地與自己有緣，於是進入山中，降服了野牛，並由野牛帶領到此處而創建了雲岩寺，而後野牛騰空而起，顯出龍形，收入山頂的龍池中。這個故事顯然是後人的演繹，不足為信，但作為民間的傳說則自有其文化價值。

　　關於伏牛自在法師創建雲岩寺的時間，盧海山先生考證頗細緻，令人信服，茲表述如下：自在法師是在江西南康跟隨馬祖學道時被派去拜會慧忠的。而馬祖道一在大曆七年（772 年）即離開南康到達洪州（即今南昌），所以馬祖派他去見慧忠的時間只能是在 772 年以前。〔註1〕若根據喬縉的說法，隨即他就到伏牛山創立了雲岩寺。但這和經典的記載是矛盾的。《宋高僧傳》記載，自在法師和道通法師是在馬祖圓寂後才離開洪州，結伴同遊京洛的。

　　自在法師來到洛陽後，在元和年間（806～820）居於香山寺，與天然禪師結成莫逆之交。他在龍門山找到了北魏菩提流支三藏翻經處，到王屋山找到了僧稠法師解虎鬥處，在嵩山找到了「梵」法師馬跑泉，只是到處訪問古蹟，並沒有多做停留。因此，自在法師在嵩縣建立雲岩寺的時間可能是在元和中後期（即810年之後）。

　　自在禪師晚年曾派弟子去江南選山水美地作為自己終老之地，其弟子找到江州都昌縣的一個地方（即今江西九江地區）。自在法師欣然前往，走到葉縣，被僧俗所留，長慶元年（821 年）在開元寺示滅，終年 81 歲。

〔註 1〕盧海山：《伏牛自在禪師的生平與禪法特點》，《伏牛山雲岩寺佛教文化研討會論文集》，2007 年，未出版。

　　這樣算起來，自在法師在伏牛山雲岩寺隱居的時間並不算很長，最多不過十年。然而，重要性並不是用時間的長短來衡量的。正是在伏牛山，自在法師形成了自己的理論。他對眾人講：「即心即佛是無病求病句，非心非佛是藥病對治句。」有僧問：「如何是脫灑底句？」師曰：「伏牛山下古今傳。」這句話廣為後人傳頌，自在法師也因而被稱為「伏牛自在」。

　　講「即心即佛」是無病求病，意思是說「心」，本來是活潑潑的、無拘無束的大自在，將之稱為佛的話，心就被固定到佛上面了，佛就成為心的障礙了，這就是「無病求病」。自在講「非心非佛」是藥病對治句，意思是講去除對心與佛的執著，所以說「不是心、不是佛、不是物」，即為了糾正對心與佛的執著，所以自在法師認為「即心即佛」與「非心非佛」都是應機說法，接引弟子的權宜說法，並非究竟句。當有僧問什麼才是究竟句時，他說「伏牛山下古今傳」。這句話的意思是說，古今伏牛山下人們一直在做的事情就是佛道，也即老百姓挑水送糧，穿衣吃飯即是佛道，也就是馬祖道一所說的「平常心是道」。中國文化自古就有根基深厚的「體用不二」的思維。《莊子‧知北遊》：「東郭子問於莊子曰：『所謂道，惡乎在？』莊子曰：『無所不在。』東郭子曰：『期而後可。』莊子曰：『在螻蟻。』曰：『何其下耶？』曰：『在稊稗。』……曰：『何其愈甚耶？』曰：『在屎溺。』東郭子不應。」佛教思想中真常唯心系與之很快就融合壯大並以禪宗的形式成為中國佛教的主流。這種「即凡而聖」、「極高明而道中庸」、「和光同塵」的路子一直是中國哲學所追求的境界。故馬祖道一宣揚「平常心是道」，自在法師認為伏牛山下人們古今所傳承下來的生活日用就是道，這是向中國傳統的自覺回歸。禪宗的中國化程度由此可見一斑。

　　自在法師的作品，傳流至今的是《三傷頌》，由《傷燕頌》、《傷鳥頌》、《傷蜂頌》三首長詩組成：《傷燕頌》：「傷嗟壘巢燕，雖巧無深見。修營一個窠，往復凡千轉。雙飛碧水頭，對語紅梁畔。身緣覓食疲，口為銜泥爛。驅馳九十初，方產巢中卵。停騰怕饑渴，撫養知寒暖。憐惜過於人，銜蟲餧皆遍。父為理毛衣，母來將食眩。一旦翅翼成，分飛不相管。世有仁智人，懇力憂家眷。男女未成長，顏色亦衰變。燕子燕子聽吾語，隨時且過休辛苦，縱使窠中千個兒，秋風才動終須去。世人世人不要貪，此語是藥須思量，饒你平生男女多，誰能伴爾歸泉路。」

雲岩寺二千年銀杏

《傷鳥頌》：「傷嗟鷓鳩鳥，夜夜啼天曉。墜翼柳攀枝，垂頭血沾草。身隨露葉低，影逐風枝嫋。一種情相生，爾獨何枯槁。驅驅飲啄稀，役役飛騰少。不是官所嗟，都緣業所造。亦似世間人，貪生不覺老。吃著能幾多，強自索煩惱。咄哉無眼人，織絡何時了。只為一六迷，遂成十二到。鷓鳩鷓鳩林裏叫，山僧山僧床上笑，有人會意解推尋，不假三祗便成道。」

《傷蜂頌》：「傷嗟造蜜蜂，忙忙採花蕊，接翼入芳叢，分頭傍煙水。抱蕊

愛香滋，尋花應春餌，驅馳如所縈，盤旋若遭魅。蹭蹬遇絲羅，飄零喂螻蟻，才能翅翼成，方始窠巢備。惡人把火燒，哀鳴樹中死，蜜是他人蜜，美自他人美。虛忙百草頭，於身有何利。世有少智人，與此恰相似。只緣貪愛牽，幾度虛沉墜。百歲處浮生，十年作童稚，一半悲與愁，一半病與瘁。除折笑將來，能得幾多子，更將有漏身，自翳無生理，永不見如來，卻緣開眼睡。蜜蜂蜜蜂休沒沒，空哉終是他人吃；世人世人不要貪，留富他人有何益。」

　　細觀全文，是以漢唐樂府詩的形式呈現，文意婉轉，含蘊頗深，其中以燕子、鷾（duo）鳩和蜜蜂三種動物的終日辛勞而說明人生為了利祿奔波是沒有什麼益處的。燕子辛勤地築屋，哺育兒女，雛燕一旦翅膀長硬，就不會再和父母相識了；鷾鳩夜夜鳴叫盼著天亮好早起覓食，差不多就行了，起早貪黑豈不是自尋煩惱？蜜蜂辛勞一生，蜜自己卻吃不完被他人吃掉，很多人終其一生都在為自己無盡的貪愛而忙碌，從而浪費一世寶貴的時光，到頭來聚斂的東西一樣也帶不走，這樣的人生態度是錯誤的。自在法師認為人生重要的是要悟到生命的真諦，這就是要知道適可而止，會享受人生的遊悠恬適。

　　伏牛自在法師之後，伏牛山佛教再一次步入沈寂，宋代文化頗盛，留下資料很多，卻沒有找到伏牛山佛教的任何文獻。說明伏牛山地區雖經過唐代的啟蒙，但仍屬文化落後的荒蠻地區。

　　明王士性《廣志繹》認為：「伏牛山在嵩縣，深谷大壑之中數百里，中原戰爭兵燹所不及，故淄流衲子多居之。」〔註2〕宋末的戰亂，使得大量民眾流入深山，故而元代建立後，長期人煙稀少的伏牛山卻迎來了發展的契機。

二、明代雲岩寺的繁榮

　　元代少林寺非常興盛，主要傳承曹洞宗萬松行秀一系的禪法，伏牛山佛教的崛起，和少林寺佛教關係密切。曾任少林寺方丈的鳳林子珪法師，早年曾在伏牛山苦行。《珪公禪師行狀之碑》記載，子珪（1283～1345），俗姓楊，號鳳林，山西人，「公與時倦於雲水，晦日韜光，小隱伏牛山，刀耕火種，木食草衣，艱難險阻，備嘗知之矣。」〔註3〕之後，子珪再求師於首山秀公、風穴圓公、法王益公，皆獲得讚譽。之後就在各地弘法。他於延祐甲寅年（1314年）

〔註2〕（明）王士性著，周振鶴點校：《五嶽遊草·廣志繹》，北京：中華書局，2006年7月。

〔註3〕米禎祥主編，王雪寶編著：《嵩山少林寺石刻藝術大全》，北京：光明日報出版社，2004年12月，第285頁。

被少林寺請到熊耳山，住持空相寺，後子珪再任少林寺第十一代住持。所以子珪在伏牛山隱居的時間當在 1314 年之前，可能是在 1305 年左右。當時不過二十多歲。

明代臨濟高僧中，與雲岩寺有關的是「獨空禪師」。在明代幻輪所編寫的《釋鑑稽古略序集》卷三記載：「國初名僧未見傳記者附」中，列有「無礙禪師（鑒）和獨空禪師」〔註4〕其中獨空法師可以確定就是雲岩寺中的僧人。明喬縉在《伏牛山雲岩寺記》中記載：「皇明洪武二十四年（公元 1391 年），獨空居此，復加葺理。後有亮公、廣公接續茲者，覺公照堂禪棲歲久，稔達顛末恐後世遂無碑以傳，杖錫下山遠涉徵記。」這裡明確記載，1391 年雲岩寺的住持是獨空法師，並曾修繕寺院。其後有亮公與廣公接續。說明明初雲岩寺是有在全國知名的高僧的。

明代是伏牛山佛教的鼎盛期，臨濟宗祖先系也由南而北，傳到伏牛山。祖先系的法脈可追溯到北宋名僧圓悟克勤的弟子虎丘紹隆（1078～1136），再經應庵曇華（1103～1163）—密庵咸傑（？～1186）—破庵祖先（1136～1211），後來經無準師範（？～1248）—斷橋妙倫（1201～1261）—高峰原妙（1238～1295）—中峰明本（1263～1323）—無際明悟。無際禪師，俗姓莫，字明悟，所以也被稱為「東林悟禪師」，四川安岳通賢鎮人。無際禪師年輕時曾「往河南大乘山謁獨空，入楚禮無念，二和尚皆不遇，走繁昌山中，參古拙俊禪師，古拙，無準師範五世徒也。」這裡的「大乘山」，應該就是雲岩寺附近的大山。可見，無際明悟禪師本來是想到伏牛山雲岩寺獨空禪師處拜師的，無奈剛好遇到獨空法師出遊，後來才拜古拙禪師的。可見明初獨空禪師具有全國的影響力與知名度。無際明悟禪師後來在四川培養出傑出弟子楚山紹琦，在河南則有伏牛無礙鑒法師和伏牛物外圓信法師。可見無際明悟禪師雖然不是師承獨空法師，但與伏牛山諸僧關係密切。無際禪師的弟子八峰寶月潭禪師則有弟子伏牛月天禪師，還有個弟子是翠峰山禪師，他傳弟子伏牛文若斌禪師，再傳白虎妙中玄禪師。可見臨濟宗無際明悟系在伏牛山地區影響很大。臨濟宗無際明悟一支，為何會在明初於伏牛山興起？應該是和臨濟宗祖先系（破庵祖先禪師一支）疏遠朝廷的特點相關的。魏道儒教授認為：「祖先系的禪師有許多共同的特點，而以與元王朝的關係疏遠最為顯著。他們或山居不出達數十年，或草棲

〔註4〕（明）幻輪編：《釋鑑稽古略序集》卷三，《大正藏》第四十九冊，第 943 頁中。

浪宿，結庵而居，……這些禪僧一般通過接受下層民眾的布施或自耕自食來維持生計，不依賴朝廷的賞賜。……儘管他們大都與中下官僚士人有來往，特別是在元代後期士大夫逃禪的風氣下，關係更為密切，但目的不在向上巴結。」〔註5〕這裡雖然說的是元代的情況，但明代伏牛山臨濟宗正是祖先係的傳承，完全可以適用於明代的情況。

　　明代伏牛山除了臨濟宗興盛外，曹洞宗也有很大影響。少林寺曹洞宗第二十五代宗師幻休常潤法師（？～1585），江西進賢人，於十九歲時出家於河南伏牛山，受具足戒於伏牛山坦然平和尚，嘉靖末到少林寺，拜小山宗書住持為師，獲得印可。萬曆二年（1574），成為少林寺住持。

　　明代伏牛山佛教以戒律嚴整享譽叢林。明英宗正統年（1346年）以後，統治者大開鬻牒之門，僧團不斷壯大。尤其到了明憲宗成化年間（1465～1487），將鬻牒作為一項重要的收入，導致進入僧團的人魚龍混雜，「飲酒食肉，歇宿娼妓，無所不為。」〔註6〕，但伏牛山佛教則戒律嚴整，享譽於叢林。王士性的《廣志繹》記載：「雲水遊僧動輒千萬為群，至其山如入佛國，唄聲梵響，別自一乾坤也。然其中戒律嚴整，佛土莊嚴，打七降魔，開單展缽，手持貝葉，口誦彌陀，六時功課，行坐不輟。良足以引遊方之目，感檀越之心，非他方剎宇可比。少林則方上游僧至者守此戒，是稱禪林，本寺僧則啜酒啖肉，習武教藝，止識拳棍，不知棒喝。」就是說，當時少林寺只有外來的「上游僧」能守戒律，本寺的僧人則吃肉喝酒，不守戒律。而伏牛山僧則戒律嚴整，佛土莊嚴。

　　明代中期的笑岩月心德寶禪師（1512～1581）也記載：「冒寒暑於十餘年間，涉南北於數千里之外。」所見國內名山，除了河南伏牛山之外，「天下無正范叢苑！」笑岩禪師是金臺人，俗姓吳。「世族錦衣，弱冠時，入寺聽講，至捨國城妻子頭目手足，感悟出家，遍參名宿，伏牛火場，淨土止觀，無所不歷。」〔註7〕

　　殆至明末，伏牛山佛教更加繁盛，其影響已經不僅限於一山一地，也不限於臨濟和曹洞，而成為了與五臺山、峨眉山、普陀山並列的佛教名山，「伏牛山練魔場」享譽於叢林，吸引全國各地高僧前來修行。

〔註5〕杜繼文，魏道儒：《中國禪宗通史》，南京：江蘇人民出版社，2007年7月，第507頁。
〔註6〕《明英宗實錄》卷276。
〔註7〕《佛祖正傳古今捷錄》卷1，《卍續藏》第86冊，第9頁上。

雲岩寺上寺明代碑記

　　明末四大高僧中，憨山德清、雲棲袾宏、紫柏真可都曾到伏牛山修行問學。《八十八祖道影傳贊》卷4記載：「師諱袾宏，字佛慧，別號蓮池，浙江仁和人也，姓沈氏。年十七補諸生，早棲心淨土。……尋禮五臺，感文殊放光，過伏牛山，隨眾煉魔。」〔註8〕

　　與伏牛山僧人來往最多的是憨山德清，曾寫過《伏牛山慈光寺十方常住碑記》，其中提到：「歷代修崇之典，十方海會之林，由百丈弘律制之規，伏牛設

〔註8〕《八十八祖道影傳贊》卷4，《卍續藏》第86冊，第646頁中。

練魔之業，無非精修一心，調伏三業。」將伏牛山練魔場與百丈慧海制定叢林規則相譬並美。〔註9〕

王世貞《弇州山人四部續稿》卷22有《贈照幻禪師一絕句》：「伏牛山下結精廬，練盡群魔剩一如。誰信近來能所盡，貫休詩句夢英書。」

伏牛山僧人還影響到四川。《峨眉山志》記載：「千佛庵即洪椿坪，伏牛山楚山開建，德心大師重建，梵宇清潔，結構弘敞，常有千人，此地曲折幽雅，最為隱蔽矣。」嵩縣今有紅椿寺遺址，「伏牛山楚山」可能就來自嵩縣紅椿寺。黃夏年教授認為開創峨眉山洪椿坪的「伏牛山楚山禪師」，就是明代四川高僧楚山紹琦禪師，曾獲封「荊壁禪師」的稱號，並考證楚山紹琦禪師生前兩次到過伏牛山。考諸文獻，楚山紹琦禪師生活於1404～1473年。然而《重修伏牛山紅椿寺記》記載：「世宗時（1522～1566），荊壁和尚修之，印空和尚復修之。」黃夏年先生顯然認為碑記的作者寫錯了時間，他認為，碑記提到的印空和尚，應該就是翠峰德山的弟子。德山法師是西夏人，年三十出家，後去參訪寶月潭公，潭公讓他到深山修苦行，於是德山法師就隱入伏牛山六年，每日以麩糠草根為食物，最後大悟，被潭公列為子嗣。後在伏牛山弘法三十年。〔註10〕寶月潭法師，與楚山紹琦法師為師兄弟，同為無際明悟的弟子。因此，《重修伏牛山紅椿寺記》所記的世宗時，應為英宗時。

而重修紅椿寺的印空法師，黃夏年先生認為即德山的弟子圓月，字印空。《補續高僧傳》記載：「圓月，字印空。姓熊，京師人。入翠峰之室，棲伏牛山，久之有得，性光顯露，闢道場開法。」〔註11〕綜上所述，清代袾宏、德清、王世貞是江南人，德山法師、印空法師都不是河南人，卻都對伏牛山練魔場多加讚許，可見伏牛山佛教的影響已經不止河南周邊地區，而是擴展到全國。

在明代伏牛山佛教的全盛時代，給我們留下了珍貴的碑刻文獻。明喬縉的《伏牛山雲岩寺記》記載：明代時期的雲岩寺，「大雄巍峨，左伽藍，右禪堂，鐘閣在前，左藏乘居殿，後鉛松茂卉，凌雲蔽日。過此已上石磴崖梯，攀緣躋躋越二十里，及臨絕頂，橫亙坪曰：大漫也。龍鱗之石，翠羽之木遍嶺巔。」可見進門有鐘樓、禪堂、伽藍殿、大雄寶殿等，再往上爬二十里，就到了龍池大曼。喬縉，字廷儀，洛陽人，成化八年（公元1472年）進士，是當時著名

〔註9〕　（明）通炯編：《憨山老人夢遊集》卷22，《卍續藏》第73冊，第621～622頁。

〔註10〕（明）明河：《補續高僧傳》卷十六，《卍續藏》第77冊，第483頁上。

〔註11〕（明）明河：《補續高僧傳》卷十六，《卍續藏》第77冊，第483頁中。

學者，曾纂修過弘治《河南郡志》，他的記述應該是可信的。喬縉描繪的龍池大曼的情況是：

> 中央泓水碧石壁砌內坎小池，古龍湫也。池水澄澈，寒氣凜冽，數步之外，侵逼肌骨，雖盛暑猶隆冬也。石開小竅，有物時出，長尺許，牛首麟股，虯鬣鷹爪，游衍波面或岸表，再入再顯，久而復潛。本郡嘗以歲旱種植焦萎，官民祈禱，久莫之雨。乃啟洛之明藩，伊王遣官，齋香詣山拜禱，以淨瓶軒岸幾，扣拜久之，瓶水自生滿函，而歸不日霖澍大作，禾苗勃蘇，靈感之迅若此。〔註12〕

龍池由於位置高，池水冰冷乾淨，裏面有生物，有一尺長短，頭似牛，長有長須和像鷹那樣的爪子，身上有鱗片，在水面上上下浮動。洛陽曾有大旱，官民祈禱多日無效，就向藩居洛陽的伊王請願，伊王於是派出官員，到龍池曼祈禱，並取水回洛陽，很快就大雨傾盆，非常靈驗。因此，喬縉評價說：「非只澤佑方民，實足以護法衛教。遠近高臘欲躋聖果者，必以此為窟宅，霞庵雲寶，遍滿陵谷。」龍池曼不僅可以護法衛教，也可以慧澤百姓，遠近的修行者若要想想成就聖果，就必須在這裡修建茅棚和住所，因此這裡廟庵雲集，遍滿山谷。這與前面我們講的各路高僧都到伏牛山修行的情況是可以相互印證的。喬縉最後總結說：

> 夫伏牛天下名山也，雲岩天下名剎也。野牛降伏而山名，白雲吐岫而寺號。山與寺相掩，寺與山相倚扶。草樹陰森，藤蘿交絡，鐘鼓齊音，殿堂倫奐。心因境靜，境逐心閒，可以修最上乘解第一義。造乎其源，入乎無相，所謂轉惑見為圓智，脫群迷為正覺，捨大暗為老明，必依此而得之也。

伏牛山是天下名山，雲岩寺是天下名寺。山因自在法師降服野牛而得名，寺因白雲繞岩壁而得號。伏牛山和雲岩寺相得益彰，互為依扶，寺內草樹茂密，藤蘿交織，鐘鼓齊鳴，殿堂壯麗。來這裡修行的人，都能靜下心來，修得無上智慧。找到世間萬象的源頭，悟到萬物之本，把迷惑的見解轉變為圓通的智慧，讓迷亂的眾生受到指引，捨棄黑暗得到光明，就必須到雲岩寺才能成就。憨山德清在《示了心海禪人》一文中提到：「方今海內禪林，第一賴有牛山苦行，非諸方可及。學道之人，苟能棄捨身命，一生定不空過。」〔註13〕將伏牛山苦

〔註12〕康熙三十二年刊本《嵩縣志》卷八。
〔註13〕（明）通炯編：《憨山老人夢遊集》卷22，《卍續藏》第73冊，第489頁上。

行列為高僧修行的必經階段和首要條件，可見喬縉對雲岩寺的評價，並不是誇張。

雲岩寺舍利塔地宮

明正德年間的住持僧為興隆法師，澄惠為執事。當時知縣王官之於正德十三年（1518）到雲岩寺附近視察，被眾僧請到寺院，寫下了《伏牛山雲岩寺記》。其中記載伏牛山為「叢林巨擘，四方緇流，托動計數千餘，亦嘗聞之未及見。」可見當時伏牛山的遊學僧人，經常有數千之眾。並記載：「雲陽有號碎支者，啟肇樂道於斯，手植蓮花，香滿峪，因名之蓮花山，第世遠不何代，而佛之舍利靈骨猶存之函。」文中提到當時的雲岩寺保存有佛骨舍利，這可從現存的佛塔地基遺址可以證明。文中提到的碎支和尚，已經不可考證。文中最後提到的「從住持僧伍景」可能就是接任雲岩寺住持的悟景法師。

雲岩寺眾僧為何對王官之如此恭敬？大概和當時的幾場地產官司有關。《伏牛山雲岩寺記》碑的背面，記載了事情的緣由：「不律之僧，與容拜為恩家推稱山主，以致謀侵北山，妄作已業。正德五年（1510年）太和保民張祥、蘆得、蘆學相繼將古佛山場寺院，上至龍池大曼，平白受價賣與董英為業。」即寺廟內有不法僧人，擅自將寺廟地產賣與山民張祥、蘆得、蘆學等，他們再將地產轉賣給董英。住持悟景發動眾僧，由真惠等出面訴訟，將蘆得所侵山地斷為僧真惠。但到正德八年（1513），又有僧人將寺田賣與常傑、蘆營、蘆得，三人持契到知府何慶處訴訟。悟景與圓秀也去應訴。最後斷悟景出銀二十五兩，帶糧四斗五升，才收回地產。圓秀出資二十八兩，贖回董英的地契，住持可郎也用十五兩銀子贖回一契，帶糧一斗八升。訴訟過程及其繁瑣，「其勞周

折不可盡述」，考慮到「修心養性本納僧之家法，而乃棄業捐生，累訟數年，勞苦難喻。」將此事刻於碑陰，以警示後人。碑文是由住持僧興隆書寫。

碑文記載雲岩寺的歷代禪師：無用愚機智，斗子宣回回，通蜀空無盡，量大川降古，潭深古心，□東鐵牛胡，天古峰古柏，翠岩大方順等，均不見於僧史。碑文最後注有：「庵主：崇盈、永鎮、道果、成淨、能懷、道潭、淨方、江滿、圓慶、圓性、圓祥、洪秀、圓亮、洪智、道果、洪壽、周現、海寶、祖能、祖金、常賢。

一個寺廟怎會有這麼多的庵主？或許我們可以推斷雲岩寺是由眾多的附屬寺庵組成的鬆散的寺廟集團。《重修伏牛山紅椿寺記》記載：「山之寺，環雲岩，轄□百五十餘區。」紅椿寺當時也是雲岩寺的一個附屬寺院。可見當時雲岩寺所轄的寺庵是很多的，規模既然這麼大，僧人也不免駁雜，管理也防不勝防，這才出現了有不法僧人偷偷變賣地產的惡舉。

明代伏牛山僧兵全國有名。僧人習武，一是本身的需要，而是外部的需要。從本身來說，僧人經常坐禪，長期不動，身體會滋生很多慢性疾病，所以坐的時間長了要活動，這就是和尚道士習武的內在需求。從外部說，如果外部治安差，那就需要習武來保護寺院的資產。明中後期社會控制較弱，民間自治性較強，由於西班牙人開發美洲和菲律賓，向中國購買大量商品，致使明末商品經濟異常繁榮；同時，中國明代採礦業發達，嵩縣由於地處伏牛山腹地，礦工很多。《明史》記載：「河南嵩縣曰毛葫蘆，習短兵，長於走山。而嵩及盧氏、靈寶、永寧並多礦兵，曰角腦，又曰打手。……又僧兵，有少林、伏牛、五臺。倭亂，少林僧應募者四十餘人，戰亦多勝。」

明代礦工開巨石的痕跡

　　伏牛山的礦工平時採礦，閑暇時則也常有偷盜搶劫的事情發生，連官府也不敢剿滅。《廣志繹》記載：「南召、盧氏之間多有礦徒，長槍大矢，裹足纏頭，專以鑿山為業，殺人為生，號毛葫蘆，其技最悍，其人千百為群，以角腦束之，角腦即頭目之謂也。其開採在深山大谷中，人跡不到，即今之官採也不敢及。……殺人而吮其血，按撫袖手而諾諾。」筆者曾於 2016 年 5 月到雲岩寺山後河谷考察，不時發現當時礦工鑿下的巨石，有些被雕鑿成碑石形狀，但未完全成型，可見當時的礦盜，並非完全是採礦，也採石，製作石碑或石材。

　　有組織的礦盜橫行，這就是伏牛山諸寺面臨的外部環境，嚴酷的現實逼迫寺院不得不培養武僧與礦盜抗衡。長期的鬥爭使得伏牛山武僧具有可觀的戰鬥力。《古今圖書集成》記載：「武藝胥推少林，次為伏牛，次為五臺。之三者，其剎數百，其僧億萬，下徵調之命，蔑不取勝，誠精兵之淵藪也。」《籌海圖編》卷 11 記載：「今之武藝天下，胥推少林，其次為伏牛。要之伏牛諸僧，亦因欲御礦盜而學於少林者耳。」《籌海圖編》並指明伏牛武僧的武學來自少林寺。

三、清代雲岩寺的衰落

　　明代如此繁盛的伏牛山佛教，卻在清代迅速衰落。其原因令人深思。首先是明末戰亂。伏牛山地區在明末多次淪為交兵戰場，給伏牛山佛教以毀滅性的打擊，覆巢之下，豈有完卵？雲岩寺也隨之衰落。《明史》記載：「（崇禎）六年春，……賊遂連陷澠池、伊陽、盧氏三縣，河南巡撫玄默率諸將盛兵待之，賊竄入盧氏山中，由間道直走內鄉，掠鄖陽，又分掠南陽、汝寧。」「（崇禎）八年，……冬十一月，河南巡撫陳必謙督良玉，寬援洛陽，獻忠走嵩汝……。寬追獻忠，戰於嵩縣及九皋山，三戰皆克，俘斬甚眾……」。「（崇禎）十二年夏，……河南大旱，斛穀萬錢，饑民從自成者數萬，遂自南陽出，攻宜陽，殺知縣唐啟泰。」頻繁的戰亂導致寺廟被毀，僧人逃散。康熙五十九年（1720）的《重修演法坪佛殿碑記》記載：「流寇氛擾，佛像蒙塵，眾僧奔散。」正史與碑文相印可，可以確定明末的戰亂摧毀了原本繁榮的伏牛山佛教。

　　其次，清政府的行政干預是伏牛山佛教未能恢復的主要原因。明末戰亂雖然給伏牛山及雲岩寺佛教以毀滅性打擊，但如果戰亂平息，按其在佛教叢林中的影響，是會逐漸恢復的。可是現實卻是伏牛山佛教卻一蹶不振，就此衰落了下去。清政府的行政干預成為了主要原因。

雲岩寺舍利塔

　　由於伏牛山山大谷深，山民強悍，民間習武之風盛行，讓清政府非常忌憚，河南巡撫雅爾圖就曾經上奏乾隆皇帝：「伏牛諸山，袤延八百餘里，地廣人雜，最易藏奸。原設巡檢四員，不足以資彈壓。查山內在嵩縣所屬之孫家店一處，當魯山、南召、內鄉、盧氏等縣之中，為商民往來要路。請將嵩縣城內守備一員，即帶存城之兵，移駐孫家店，令於河北鎮標左右營內，抽撥把總一員，帶兵二十名，駐紮縣城，歸該守備巡查。」〔註14〕朝廷批准了雅爾圖的奏摺。

〔註14〕《高宗純皇帝實錄》（二）卷122，乾隆5年7月上。

由於伏牛山連綿八百里，人煙稀少，朝廷逃犯一旦逃進伏牛山，就再難搜尋。因此清廷對伏牛山防範很嚴。軍機大臣何煟曾上書：「逆犯嚴金龍，逃往鄖縣之竹山房縣等處，該地西通川陝，北界豫省，更恐竄入伏牛山。」〔註 15〕有些不法之徒，如段文經、徐克展等，「竟敢於光天化日之下，借邪教為名，陰謀叛逆，許封官職，謀占城池，實屬罪大惡極，覆載難容。」雅爾圖曾上奏：「湖廣、山東、河南等省，常有邪教等事。豫民尤愚而易誘，每挾治病符咒諸邪術，以行醫為名，或燒香禮斗，拜懺念經，求福免災為詞，哄動鄉民，歸依其教。輾轉糾集多人，奸宄百出。且大河以南，山谷深邃，奸徒便於藏匿。山居百姓，本有防身刀械，少壯又習悍俗，如少林寺僧徒，素以教習拳棒為名，聚集無賴。邪教之人，專意煽惑此等人入夥，與其發覺後，四出擒拿，盡置諸法，何如預先防察曉諭，設法潛消。禁止師巫邪術，律有明條。雍正五年十一月內欽奉：詭譎者，雖無煽誘情事，遞籍收管，倘邪教有據，嚴拿究辦，務盡根株。至少林寺僧徒，向習拳棒，恐少壯無賴，學習滋事，亦世宗憲皇帝（雍正）特諭，嚴禁學習拳棒。」〔註 16〕其實，這裡講的「邪教徒」，多數就是遊方的禪師，他們借助醫藥符咒之術，來此修學，卻遭到政府的禁止，致使本來熱鬧的伏牛山佛教，就此衰落下去。

到了清後期，社會開始動盪，伏牛山地區土匪橫行，翰林院編修吳觀禮上奏光緒皇帝：「據稱河南西南兩路，頻有匪徒蠢動。近聞首惡竄入伏牛數縣，界連秦楚，為盜賊出沒之藪。」此時，伏牛山寺廟裏沒有武僧，無法對付猖獗的悍匪，只有拋棄寺廟，任其衰壞。

綜上可知，清政府對伏牛山的嚴格控制，實是伏牛山佛教衰落的主要原因。到了清末，雲岩寺只留下數名僧人，衰落為了不起眼的小寺。

民國 28 年（1939 年）白河聯保主任郭衍興將剩下的數名僧人趕走，沒收全部廟產，創辦白河完小，下雲岩寺幾間廟房為下寺初小。解放後，經過五八年大煉鋼鐵和十年文革的兩次浩劫，雲岩寺就只留下下寺的一個大殿存在至今。只有四周圍那數棵二千餘年的大銀杏樹，無聲地訴說著雲岩寺的歷史與過去。

現在洛陽旅發集團已經開始開發雲岩寺景區，從下寺到上寺的木橋和石階都已經修好，初步具備了旅遊的功能，希望洛陽旅發集團能夠保護好周圍的老建築，重現雲岩寺的榮光。

〔註 15〕《高宗純皇帝實錄》（十一）卷 898，乾隆 36 年 12 月上。
〔註 16〕《高宗純皇帝實錄》（二）卷 117，乾隆 4 年 12 月上。

第十六章　南陽慧忠國師住錫的寺廟
——淅川香嚴寺

　　香嚴寺以南陽慧忠國師而知名。南陽慧忠（？～776）。俗姓冉，浙江紹興人。經歷玄宗、肅宗、代宗三朝，在京都長安傳法十五年，繼神會之後，推動了南禪在北方的發展。但他早期修行弘法的地點，則在河南南陽淅川白崖山黨子谷。

淅川香嚴寺

慧忠 16 歲時到曹溪從慧能學法。學成後四處遊歷，開元二年（714 年），雲遊至白崖山黨子谷（今香嚴寺所在地），在此結廬為庵，開闢道場潛修四十餘年，遠近聞名。天寶十四年（755 年）唐玄宗聽說慧忠法師戒行精嚴，下詔書將慧忠接到長安龍興寺；但不久安史之亂暴發，慧忠又回到黨子谷。菏澤神會法師圓寂後，唐肅宗於上元二年（762 年），將慧忠請到長安，安置在光宅寺。

慧忠善於用比喻、暗示等方法啟發信眾。據說有一次肅宗問他，如何幫助眾生離開生死？他讓人取來容器，加上水，在裏面放入螞蟻，當螞蟻在水中掙扎，死活不定時，他在裏面放入一根草，讓螞蟻順著草爬上來。他這是用草比喻佛法，用螞蟻比喻眾生。據說肅宗很是信服。後來慧忠先後給唐肅宗、唐代宗授菩薩戒，受封為「國師」。

慧忠的禪法，最有名的就是所謂的「無情說法」。佛教將有心識的稱為「有情」，無心識的稱為「無情」。原本在印度，只有「有情」才可以有佛性，「無情」如草木石塊是沒有佛性，也不能輪迴的。可是當佛教傳入中亞時，受到那裏的泛神論思想的影響，出現了《大集經》、《華嚴經》等帶有泛神論色彩的經典，「無情」也可以說法，也可以成佛。出自不同地域的佛經內部的矛盾，傳播到中土來，在中國佛教內部也引起了很大的爭議。泛神論思想與莊子思路有相似之處，在中原民間也有深厚基礎，在中國僧人中也引起很大共鳴。天台宗的湛然、牛頭宗的法融、南陽慧忠都接受了這種觀點。

慧忠認為，「心」就是「性」，眾生迷時，結性成心；眾生悟時，釋心成性。猶如天氣冷時，水結為冰；天氣暖時，冰釋為水。冰與水實際上並無不同。因此石頭與草木雖然無「情」，但卻有「性」。但無論有情無情，都是毗盧遮那佛的顯現，因而都是可以說法的。但慧忠也承認自己也聽不見草木說法，只有「聖人」即佛菩薩才能。

根據這種觀點，慧忠向自在法師介紹了自己的看法。認為肉身也是有佛性的，肉身與心都有佛性，無論肉身是否壞掉，佛性是不變的。慧忠認為，「有情」與「無情」的區別，在於「有情」有「我法二執」，有心所諸法，能「懷結恨」，如果殺害它們，將會導致「怨報」。而「無情」則沒有「結恨心」，所以可以砍伐食用。

香嚴寺大殿

　　大曆二年（767年）唐代宗恩准慧忠在他原修煉道場白崖山黨子谷建寺，大曆八年（773年）敕賜「長壽寺」（香嚴寺前身）。大曆十年（775年）慧忠在長安圓寂，在白崖山清風嶺建寶塔歸葬，入塔時「異香百里，經月不散而名香嚴寺」。

　　慧忠法師弟子眾多，長安、南陽、開封、江西都有分布。但他的弟子中並沒有出現宗師型的大人物。

　　縣志記載，開成五年（840年）光王李忱為免遭李炎（唐武宗）的殺害，潛至香嚴寺剃度為沙彌。會昌六年（846年）唐武宗駕崩，大臣到香嚴寺迎李忱回長安登位，稱唐宣宗。為感激香嚴寺僧的幫助，大中元年（847年）宣宗於香嚴寺整建望月亭，後人改為宣宗殿，宣宗也成為護法伽藍。這個說法顯然是虛構的，李忱出家之說，兩唐書都沒有記載，傳說中出家的地方，有杭州說，淅川說，還有福清說、江西說，交往的禪師，既有黃檗希運禪師，也有香岩智閑禪師。

　　香岩智閑禪師，可能主要活動在晚唐時期，他是禪宗五支之一的溈仰宗創始人溈山靈祐的兩大弟子之一。溈仰宗是禪宗五大宗派中形成最早的一支，其禪風更接近與道家，標榜「無事」「無為」「無拘無束」「無修」等，用「參玄」代替了「參禪」，向魏晉玄學回歸。〔註1〕相比於曹山本寂作為嫡傳而言，香岩智閑只能算是「旁支」。但是，有學者研究，至少從北宋時起，禪宗史就普遍認為，曹山本寂與香岩智閑是溈山靈祐最為傑出的兩個弟子，香岩智閑把溈仰

宗從南方引向河南，在北方開闢了陣地，他作為溈仰宗祖師的地位無可置疑。〔註2〕之後，香嚴寺還出現了香岩智月禪師、香岩義端禪師等著名禪師。

金代後期香嚴寺有如壁、如琳二禪師，如壁原名饒節，字德操，江西臨川人，時以文章知名，與魏了翁、曾子宣交遊，曾留一僕人守宅，等其交遊歸家，發現這個僕人言談盡有禪機，問之才說，在家看宅無所事事，就常去旁邊的寺院與長老學習，忽然就開悟了，感覺從此身心泰然，無掛無礙。德操感慨的說，你都能夠開悟，我為什麼不能呢？於是就到白崖山香嚴寺問道，只用了八天就開悟了，於是變賣家產，與其僕人都出家為僧，饒節法名如壁，其僕法名如琳，他們到浙東靈隱山掛單，期間如琳有病，如壁就侍奉他，直到他圓寂後，如壁為他料理了後事。由於如壁法師出家前就是有名的學士，時人稱他著述堪比鄭康成，出家後堪比謝靈運，曾留有《倚松集》。

元代香嚴寺有異僧憨憨和尚，他常赤足遊走行乞於襄陽與鄧州之間，至大初年（1308年），他棲身於香嚴寺西廊，為香嚴寺放牛。有一天放牛，有虎突至牛前，想吃牛，憨憨法師叱責之，虎嚇得爬在地上不敢動，法師用手摸其頂，說：「皈依佛，皈依法，皈依僧，許汝食肉，不許傷生。」虎點頭而去。當時鄧州牧文炳岑年過五十沒有子嗣，入山祈嗣，聽說憨憨和尚有神異，就向他求助。憨憨說，你已經有子了，還用求嗎？當時文炳岑還不信，回到家當天晚上就聽到了妻妾懷孕的消息。有一天，憨憨對主事僧說，借我一牛，十天後奉還。結果他騎上牛就和牛一起謝世。但到了十天之期，那頭死去的牛又出現在牛群裏。〔註3〕寺僧將其遺骨建塔保存，百姓時來祈請，就形成一個「牧牛翁廟」，元代貢生唐弘經記其事蹟。但後來戰亂中，塔廟都無存，只有憨憨和尚的事蹟流傳。直到乾隆三年，即1738年，寺僧元亮挖出一段殘碑，正是元代唐弘經撰寫的那塊碑。釋頵愚諡才刻碑石記載此事。至元四年（1338）香嚴寺住持千峰、性圓禪師捐資籌資，建石橋一座。仁山毅公於至正六年（（1346）出家於香嚴寺。

元代末期戰亂，香嚴寺被摧毀，只留下了地基。1393年，仁山毅公奉周王之命住持少林寺，永樂元年（1403），仁山毅公回到香嚴寺擔任住持，主持了對香嚴寺的修復，但只修復了下寺，上寺未完工就辭世。永樂年間，太虛郎妙住持寺廟，當時政府要建造武當山宮觀，建築材料從河南運往武當山，常有

〔註2〕趙娜：《香岩智閑禪師論析》《河南科技大學學報》，2018年第1期，第11頁。

〔註3〕（清）釋頵愚諡：《題唐弘經撰憨憨和尚牧牛翁廟碑後》，原碑藏於香嚴寺。

工人從浮橋墜落而亡，到了夜裏，常聽到哭號之聲，工人受到驚擾。負責人張信找到太虛法師，讓他做法超度三天，之後夜哭之聲乃止。張信就奏鳴朝廷，把修建武當山宮觀剩下的建築材料將香嚴寺修復，仍然叫香嚴寺。但後來太虛圓寂後，周邊有無賴村民欺侮僧人，太虛的法孫如意就啟請有司頒發正式寺名。成化二十三年（1487）禮部尚書周祖謨上奏朝廷，明憲宗朱見深欽定「顯通寺」寺額，同時賜如意法師為香嚴寺住持。嘉靖時期再次修繕。當時，上寺下寺莊嚴壯麗，為南陽巨剎。萬曆末期，丹水和淅水暴漲，下寺山門、鐘樓、天王、韋陀、十八尊者都被洪水淹沒。幸而上寺無恙。愍帝崇禎十七年（1644年），流賊四起，寺僧逃散，寺田被土豪佔據，寺廟被燒毀。

　　清代香嚴寺成為臨濟宗的重要道場。順治時期，有宕山遠禪師重新興建香嚴寺，弟子蜀叟古公以繼之，南陽太守王維新捐俸祿，清理土田，得地三十餘頃。但重建尚未完成，蜀叟西歸，繼之者是不肖之徒，變賣寺產，不到百年，寺產就被賣空，僧散寺毀。直到康熙晚期，寶林印公禪師住持寺廟，地方官秦公施財，香嚴寺才有起色。寶林禪師後來駐錫關中樺林寺，由其弟子顥愚謚公接任香嚴寺住持，顥愚謚公的重建工作始於雍正二年（1724），結束於雍正十年（1732），期間還得到了道成和悅賢兩位上人的幫助。〔註4〕重建後的香嚴寺又恢復了壯麗的面貌。雍正十三年，住持顥愚謚公又重修了唐宣宗皇帝殿，以之為伽藍殿。顥愚謚公，俗姓王，山東昌邑人，父親名王文俊，母親為黃氏，少年學習儒學，因多病而出家，先去棲霞寺訪荊石禪師，數年後北遊五臺山，在獅子崖打坐開悟。後到香嚴寺訪寶林印公，臨濟宗僧人。其師寶林法師是雲峨喜禪師的四世孫，而雲峨喜禪師是密雲圓悟的嫡孫。顥愚謚公於1737年又接任襄陽的黃龍寺住持，1740年回到香嚴寺，在兩個道場住山二十多年。後老退至柏子庵，門人悅賢等為之建七級舍利塔，並請崔紀題寫了塔銘。〔註5〕

　　1928年，住持潤齋串聯菩提寺住持玉普等去南京上訴請願，避免了寺廟被改為學校的命運。1941年，中國共產黨在上寺建培訓班，1944年，住持潤齋被以「通共」之名殺害。福祥接任住持。民國三十四年（1945年）日軍入侵，香嚴寺上下禪院部分建築被日軍破壞。1947年夏，香嚴寺在釋湛潔倡導下成立「河南太虛佛學院」，後因解放戰爭而停辦。

〔註4〕（清）黃庭相：《淅川香嚴禪寺中興碑記》，原碑藏於香嚴寺。
〔註5〕（清）崔紀：《敕建香嚴顯通禪寺顥愚謚禪師法雲塔銘》，原碑藏於香嚴寺塔林。

　　1951 年的土地改革運動中，寺廟裏 80 多僧人，多數還俗。1959 年至 1965 年因為興建丹江口水庫，淹沒下寺。1966 年文革使香嚴寺內外的大部分古塔、碑刻、佛像及古建築慘遭破壞，樓以及百餘通石塔，被拆除。1969 年丹江口水庫蓄水，為使航運通暢，下寺琉璃塔和漢白玉塔被炸。

　　改革開放後的 1993 年，中國國家文物局撥款 15 萬元人民幣對香嚴寺進行修復。1996 年 8 月韓國中央日報社寫真部張忠鍾次長一行 4 人，到香嚴寺考察慧忠國師及元末明初千峰禪師情況，尋找臨濟正宗之根。2000 年 9 月，日本臨濟宗國泰寺一行 19 人到香嚴寺尋根朝拜，團長澤大道說：「香嚴寺在日本佛教界臨濟宗中影響很大，我們崇敬慧忠國師」。

　　現在香嚴寺實際上就是當年的上寺，已經處於景區之中。

第十七章　丹霞天然禪師住錫的寺廟
——南陽丹霞寺

　　巍巍伏牛山南麓的南召縣東北留山鎮，坐落著千年古道場丹霞寺。丹霞寺以唐代著名禪僧丹霞天然法師在此住錫而著名。

　　丹霞天然法師（739～824）是石頭希遷的著名弟子。希遷培養出了許多傑出的弟子，最有名的是丹霞天然、藥山惟儼、潮州大顛、天皇道悟。

丹霞寺山門

　　丹霞天然年輕時與龐蘊去京城趕考，投宿一旅店，老闆問他們去幹啥？回答說去「求官」。老闆說，江西的馬祖道一與湖南的石頭希遷，是得道的高僧，「何不選佛去？」於是天然怦然心動，轉而到江西去拜見馬祖道一。然而馬祖卻並不願意收他，而是介紹他去投石頭希遷。馬祖為何不願意收留天然？卻又為何介紹他去見希遷？可能跟天然放任不羈的個性有關。可能馬祖認為他的個性與希遷的主張相符，因而介紹他過去的。天然被希遷接納，在考驗他時，天然竟然騎到了文殊菩薩塑像的頭上去，獲得了希遷的印可。後到各處行腳，元和初年（806年）在洛陽龍門香山寺與馬祖門下的伏牛自在法師相遇，結為莫逆之交，這可能與他們共同的性格與見識有關。

　　天然法師最為人所知的典故就是所謂的「劈佛取火」的故事。據說他一日到慧林寺（在今洛陽孟津送莊鎮）借宿，晚上十分寒冷，天然就拿刀把殿上的木佛給劈開烤火。寺主叱問他時，他卻說是在燒舍利子。寺主說，木頭裏怎麼會有舍利子？天然回答，木頭怎麼會是佛？從此漸漸為人所知。天然法師在元和三年（808年），橫臥在天津橋（今洛陽橋）上，留守鄭公的車隊經過，他也不起，鄭公上前問你是何人？他回答說是「無事僧」。鄭公覺得他是個不凡的僧人，以衣食供養，「洛下翕然歸信。」元和十五年（820年），天然想歸老山林，弟子就在南陽南召丹霞山（伏牛山南麓）為他建立寺廟，《明嘉靖南陽府志校注》記載：「每至旦暮，彩霞赫熾，起自山谷，色若渥丹，燦如明霞。」因而得名丹霞寺，三年間門下參禪者達到三百多人，丹霞寺發展為了一個大寺院。

　　天然法師常常提醒弟子要保護自己體內的「一靈之物」。只有這個靈性是活潑潑的大自在。這個靈性不受任何權威的限制，它本身就是覺者，不需要再用「佛」或「菩薩」的語言和理論來規定，否則，就是對自身靈性（佛）的限制，所以他講：「佛之一字，永不喜聞。……吾此間無道可修，無法可證。」

　　宋神宗熙寧四年（公元1071年），禪僧德淳將寺院翻新增高，「購置田產，據山占水，益宏規範。」「鐘鼓鳴震數里，誦經聲縈繞四方」。宋代丹霞寺還出了著名的曹洞宗高僧丹霞子淳（1064～1117）。住南陽丹霞山，弘揚禪風。宣和元年（1117）三月十一日示寂。門下有真歇清了、天童正覺等人。子淳著有《虛堂集》六卷、《丹霞子淳禪師語錄》二卷等。子淳曾言：「乾坤之內，宇宙之間，中有一寶，秘在形山。肇法師恁麼道，只解指蹤話跡，且不能拈示於人。丹霞今日擘開宇宙，打破形山，為諸人拈出，具眼者辨取。」乾坤宇宙之

內的「一寶」是指佛性,「形山」指人的身軀,子淳說自己要「擘開宇宙,打破形山,為諸人拈出」,是指要悟道,就必須開發出自己的佛性。這與天然法師常常提醒弟子要保護自己體內的「一靈之物」是一致的。可見宋代丹霞寺高僧輩出,仍然十分繁盛。

香嚴寺大殿

元末戰爭迭起,「荒址斷礎,四顧寂寥」,僧眾四散,寺院被焚燒殆盡。

丹霞寺再度復興,是在明代。丹霞寺恢復盛貌,「丹霞麗麓」被列為南召八景之一。「八百里伏牛五百里丹霞」就是從明代開始流傳。

然而,明末戰亂,寺院再成廢墟。清乾隆三十四年(1769 年),第 38 代方丈住持碧峰一清禪師新建了法堂殿,並重建釋迦、毗盧兩大殿,該寺又有了數百名僧眾。

筆者曾到丹霞寺考察,發現寺裏面刻的數十塊「歷代住持碑」卻是明顯錯誤的。據說,這些「歷代住持」是「錄自留山鎮上官莊楊聚才之子楊振江家傳文物檔案資料」。〔註1〕

楊振江家傳丹霞寺 58 代方丈(住持)名表(其中公曆年號為編者所加)〔註2〕

代　次	法　號	任職年代
開山始祖	丹霞天然和尚	唐元和十五年～長慶四年(820～824)

〔註 1〕艾廷和主編:《丹霞寺》,豫內資宛新出發通字(2012)15 號,第 9～頁。
〔註 2〕艾廷和主編:《丹霞寺》,豫內資宛新出發通字(2012)15 號,第 9～11 頁。

第 1 代	晤本良價和尚	唐寶曆元年（公元 825 年）
第 2 代	雲居道膺和尚	唐開成二年（837 年）
第 3 代	同安丕公和尚	唐大中十三年（公元 859 年）
第 4 代	同安志公和尚	唐龍紀元年（公元 889 年）
第 5 代	郎州原觀和尚	唐天祐二年（公元 905 年）
第 6 代	太陽警玄和尚	五代後梁貞明六年（公元 920 年）
第 7 代	投子義青和尚	五代後唐開運二年（公元 945 年）
第 8 代	芙蓉道楷和尚	五代後周顯德三年（公元 956 年）
第 9 代	丹霞子淳和尚	北宋太平興國八年（公元 983 年）
第 10 代	無歇了青和尚	北宋咸平四年（公元 1001 年）
第 11 代	大休宗鈺和尚	北宋乾興元年（公元 1022 年）
第 12 代	足庵智見和尚	北宋明道二年（公元 1033 年）
第 13 代	長翁如淨和尚	北宋康定元年（公元 1040 年）
第 14 代	鹿門覺公和尚	南宋建炎二年（公元 1128 年）
第 15 代	普炤一辯和尚	南宋隆興元年（公元 1163 年）
第 16 代	大明保公和尚	南宋淳熙十四年（公元 1187 年）
第 17 代	王山體公和尚	元至元二十三年（公元 1286 年）
第 18 代	靈山恩公和尚	元大德二年（公元 1298 年）
第 19 代	大明雪岩和尚	元至順三年（公元 1332 年）
第 20 代	雪庭福裕和尚	元元統二年（公元 1334 年）
第 21 代	靈隱文泰和尚	明洪武二十八年（公元 1395 年）
第 22 代	寶福迃公和尚	明洪武三十一年（公元 1398 年）
第 23 代	純拙文才和尚	明永樂二十二年（公元 1424 年）
第 24 代	松庭子嚴和尚	明宣德元年（公元 1426 年）
第 25 代	凝然了改和尚	明正統十年（公元 1445 年）
第 26 代	俱空契斌和尚	明天順元年（公元 1457 年）
第 27 代	無方可從和尚	明成化元年（公元 1465 年）
第 28 代	月舟文載和尚	明成化六年（1470 年）
第 29 代	天章宗書和尚	明弘治十年（公元 1497 年）
第 30 代	蘊空常忠和尚	明正德八年（公元 1513 年）
第 31 代	無名慧經和尚	明嘉靖十五年（1536 年）
第 32 代	晦壹元鍾和尚	明嘉靖二十六年（公元 1547 年）

第 33 代	覺浪道盛和尚	明嘉靖四十年（公元 1561 年）
第 34 代	梅峰大忍和尚	明萬曆十年（公元 1582 年）
第 35 代	北壹興開和尚	明崇禎二年（公元 1629 年）
第 36 代	砥中法幢和尚	清順治二年（公元 1645 年）
第 37 代	靜庵界微和尚	清順治十年（公元 1653 年）
第 38 代	碧峰一青和尚	清乾隆三十四年（公元 1769 年）
第 39 代	美微鼎公和尚	清乾隆四十五年（公元 1780 年）
第 40 代	聖喻宏公和尚	清乾隆五十六年（公元 1791 年）
第 41 代	鏡如明公和尚	清嘉慶十八年（公元 1813 年）
第 42 代	純然成公和尚	清道光二十八年（公元 1848 年）
第 43 代	定一慧公和尚	清咸豐二年（公元 1852 年）
第 44 代	承嗣宗公和尚	清同治元年（公元 1862 年）
第 45 代	達誠信公和尚	清光緒元年（公元 1875 年）
第 46 代	可興成公和尚	清光緒四年（公元 1878 年）
第 47 代	富春榮公和尚 亮善顯公和尚	清光緒六年（公元 1880 年） 清光緒七年（公元 1887 年）
第 48 代	超岸及舟和尚 永淨清公和尚	清光緒九年（公元 1883 年） 清光緒十年（公元 1884 年）
第 49 代	壽燦靈公和尚 普參堂公和尚	清光緒十一年（公元 1885 年） 清光緒十一年（公元 1885 年）
第 50 代	海參繪公和尚 月坦然公和尚	清光緒十四年（公元 1888 年） 清光緒十四年（公元 1888 年）
第 51 代	清風緒公和尚	清光緒十九年（公元 1893 年）
第 52 代	靜貴義公和尚 瑞雲相公和尚	清光緒二十七年（公元 1901 年） 清光緒三十年（公元 1904 年）
第 53 代	明慧真公和尚	清光緒三十二年（公元 1906 年）
第 54 代	如平和庵和尚	清光緒三十四年（公元 1908 年）
第 55 代	就寧和尚	民國二年（公元 1913 年）
第 56 代	胡安和尚	民國十六年（公元 1927 年）
第 57 代	明新和尚	民國三十六年（公元 1947 年）

　　此表顯然不是丹霞寺歷代住持表。原因有以下幾點：

　　首先是因為這裡名字，清代以上，幾乎都是曹洞宗歷史上赫赫有名的大法師。能有一兩個在丹霞寺住持就不得了啦，這麼多名僧如果都在丹霞寺歷史上

住持過，那麼僧傳中應該經常提到丹霞寺，丹霞寺就是稱為曹洞宗第一寺廟也完全夠格。然而筆者翻閱禪宗諸史料，發現除了丹霞天然法師、丹霞子淳法師確實在此住持過之外，其他諸匠，均未見在丹霞寺住持的記載。

香嚴寺塔林

其次，這個表裏的住持名字與廟裏現存的碑刻中記載的住持名字不符。譬如明正統七年的《重修留山仙霞禪寺記》記載，「宋熙寧四年，會禪僧德淳住山，復崇而新之，益宏規範。」熙寧四年為公元 1071 年，此時住持僧顯然是德淳，但按照此表，則住持僧為長翁如淨，而事實上，如淨本是寧波天童寺的住持。再譬如《重修留山仙霞禪寺記》記載：「我朝永樂甲午，有僧譚寬，惟建一宇。」「正統丙辰歲，郡之僧司覺福號自然者，汴人也，授司檄往住持焉。既至之日，愍古剎廢墮久且，發善心以興修為己任。」這裡提到明代的兩個維修寺廟的僧人，譚寬和覺福，顯然是住持，但表中所記載的住持卻是淳拙文才和凝然了改。

表中所記的元明時期的住持，顯然是少林寺的住持。譬如從「第 20 代」雪庭福裕至「第二十九代」天章宗書這十代住持，顯然是元明時期少林寺的住持，他們絕不可能同時都在丹霞寺做住持。

綜上所述，可知此表絕不是丹霞寺的歷代住持表。那麼是不是此表是楊振江偽造的呢？也不可能。因為此表中的很多名字，與現在我們熟知的名字並不

完全相符。譬如，表中的「晤本良價」就是洞山良價，「長翁如淨」其實就是禪宗史上常說的天童如淨，「天章宗書」就是少林寺著名的高僧小山宗書。如果要偽造，肯定要用通行的名字，像這樣偏僻的名字是偽造不出來的。

　　既不是偽造，又不是真的歷代住持表，我們就得討論下，這個表到底是什麼表？其實，這個表真正的名字應為「丹霞寺傳曹洞宗譜」，其存在自有其獨特的價值。首先就是我們通過此譜，知道了許多歷史上曹洞宗高僧的未知稱號，如良價號「晤本」，如淨號「長翁」，宗書號「天章」等等，填補了歷史記載上的一些空白。其次，我們知道了一些曹洞宗高僧的具體名字，如曹洞宗歷史上鹿門自覺的弟子「青州辯」，歷史記載不詳，現在通過這個表，我們知道他的具體名字為「普炤一辯」，從這個線索，也許未來可以找到更多關於他的資料。第三，我們通過該表知道丹霞寺系僧人對曹洞宗傳承的判教，並且從中可以追溯出丹霞寺派曹洞宗的來源。譬如，曹洞宗壽昌系分為三大派，分別為無異元來開創的博山派、永覺元賢開創的鼓山派、以及晦臺元鏡開創的東苑禪派。那這三個禪派那個才是正宗呢？顯然，表中沒有提到元來與元賢，而是提到了「晦壹元鐘」，並且排在覺浪道盛的前面。顯然，這個「晦壹元鐘」應該是「晦臺元鏡」只是由於傳抄錯誤所致。很明顯，丹霞寺傳承的是「東苑派」系統。

　　我們還可以繼續探討，此「曹洞宗譜」產生的時間，應是在清乾隆時期的丹霞寺僧人碧峰一青之前。因為很明顯，在清順治十年靜庵之後至碧峰住持的乾隆三十四年，中間有一百多年的空缺期。如果此表為碧峰之後造，他顯然能將這一百多年的傳承接上來。

　　總之，丹霞寺的這些歷史問題，對於這個寺廟以後的發展、以及河南佛教史的挖掘，都非常重要，值得我們重視。

　　民國時期，清風與靜觀兩位和尚因門戶之見、財產之爭，鬧得兩敗俱傷。後來，明新和尚在當賣廟產中被人殺害，玉普和尚也相繼被捕入獄，佛寺從此敗落。解放時，僅留覺來、覺先等三名和尚。在黨和政府的重視與保護下，不少房舍進行了翻修。1982 年，政府撥款三萬元，進行修繕，並派出專人看管保護。

第十八章　唐密祖庭──洛陽大福先寺

　　在今洛陽東郊一個名叫唐寺門的地方，隱藏著一個歷史悠久的唐代寺廟，這就是大福先寺，民間所稱的古唐寺。傳說這裡是東晉道安在洛陽翻譯佛經的地方：「招（道）丕住洛陽福先彌勒院，即晉道安翻經創俗之地也。」〔註1〕在唐代，大福先寺為洛陽著名的翻經道場。唐代洛陽三大佛經翻譯道場中的大遍空寺、佛授記寺都早已湮沒無蹤，只有大福先寺經歷了千年沉浮，保存至今。故有必要對福先寺的歷史內涵與價值進行梳理。

一、武則天與大福先寺

大福先寺山門（左右為哼哈二將）

_____

〔註1〕　（宋）贊寧：《高僧傳》卷17，《大正藏》第50冊，818頁下。

關於福先寺建立的時代,《唐會要》卷四十八有明確記載:

> 福先寺,遊藝坊,武太后母楊氏宅。上元二年,立為太原寺,
> 垂拱三年二月,改為魏國寺。天授二年,改為福先寺。

也就是說,福先寺原本是武則天的母親楊氏的宅院,後於上元二年(675年),立為太原寺,史稱東太原寺,垂拱三年(687年)又改名為魏國寺,史稱魏國東寺。與當時西安的西太原寺、魏國西寺並列。天授二年(691年),再改名為福先寺。天授二年,對於武則天來說,具有特殊的意義,在一年前,她剛剛稱帝,追封其父母為「無上孝明高皇帝」和「無上孝明高皇后」,由此可知,將魏國寺改為福先寺,含有為祖先追福的意義。

武則天在上元二年立太原寺是有原因的。「上元」一詞是一周開始,萬象更新的意思。天象學家認為上元之夜,七曜星聚,形成五星連珠的壯麗天象,是開闢新紀元的象徵。武則天此時早已廢除了蕭淑妃與王皇后(655年),罷黜宰相長孫無忌(659年),誅殺企圖聯合高宗廢掉自己的宰相上官儀(664年),將大權牢牢掌握在自己手中。上元元年(674年),武則天提出了著名的「建言十二事」,也即自己的政治綱領,並在同年將皇帝改為天皇,皇后改為天後,將誅殺上官儀之後形成的二聖並尊的局面合法化。改元六天後,即變更官服。所有這一切,都是在為進一步獲得權力做輿論準備。上元二年更不尋常,三月,武則天到邙山主持先蠶儀式,本來是皇后和內外命婦們的事情,竟然要求朝臣全部參加,武則天藉此向天下昭示自己的權勢。有學者認為,實際上,武則天是藉此向高宗逼宮,壓力之下,唐高宗竟然有了遜位給武則天的打算。〔註2〕瞭解了上元二年的這個大背景,太原寺建立的原因也就很清楚了,那就是為了進一步上位而借助佛教的影響力。太原寺建成後,武則天請印度僧人地婆訶羅入住,成為了他的翻經道場,譯出了《大方廣獅子吼經》一卷、《大乘四法經》一卷、《造塔功德經》一卷。《佛頂尊勝陀羅尼經》一卷、《證契大乘經》二卷、《大乘顯識經》兩卷。〔註3〕

後來武則天逼死太子弘,並連續廢掉了中宗李顯與睿宗李旦,臨朝稱制。垂拱三年(687年),她改太原寺為魏國寺,並修建明堂與天堂,耗資巨大,可視為武氏利用宗教力量進行輿論宣傳的手段。改名魏國寺不久,地婆訶羅即圓寂,敕歸葬香山。主要活動在魏國東寺的高僧是于闐國高僧提雲般若(漢言天

〔註2〕 韓昇:《上元年間的政局與武則天逼宮》,《史林》2003年第6期。
〔註3〕 (唐)明佺等撰:《大週刊定眾經目錄》,《大正藏》第55冊,379頁下。

智)、華嚴宗的創始人康法藏、給武則天上《大雲經》的法明。提雲般若在此翻出《大乘造像功德經》兩卷、《大方廣佛花嚴經不思議佛境界分》一卷、《大方廣佛花嚴經修慈分》一卷、《智炬陀羅尼經》一卷、《諸佛集會陀羅尼經》一卷、《大乘法界無差別論》一卷。〔註4〕這些多數是華嚴類經典，合六部合七卷，時間從永昌元年到天授二年。法藏也奉武則天之命參與了提雲般若在魏國東寺的譯場。在《大乘法界無差別論疏》的序言裏法藏寫到：

> 有於闐國三藏法師提雲般若，此云天慧，其人慧悟超倫，備窮三藏，在於本國，獨步一人，後為觀化上京。遂齎梵本百有餘部，於垂拱年內屆至神都，有勅慰喻，入內供養，安置魏國東寺，令共大德十人翻譯經論，仍令先譯華嚴。余以不敏，猥蒙徵召，既預翻譯，得觀寶聚。

法藏講提雲般若，是獨步于闐國的高僧，在垂拱年內來到洛陽，攜帶有一百多部梵文佛經，武則天將他安置在魏國東寺，在那裏組織了十餘高僧組成的譯場，由於武則天喜愛華嚴經，就命他們先翻譯華嚴類經典，法藏由於對華嚴經深有研究，也參加了這個譯場，為十餘個大德之一。《資治通鑑》第14冊，卷二百四記載：「東魏國寺僧法明等撰《大雲經》四卷，表上之，言太后乃彌勒佛下生，當代唐為閻浮提主，制頒於天下。」可見魏國東寺在武則天稱帝中起過重要作用。

天授二年（691年），武則天已經稱帝，再將魏國東寺改名為福先寺，表達了武則天為自己的父母祈福的意願，女皇並親自題寫了碑文予以說明。《全唐文》卷九十八的《大福先寺浮圖碑》有相關記載。

武則天先是介紹了自己的父母：「伏惟皇考太祖無上孝明高皇帝，負日標靈，膺雲誕秀。……皇妣無上孝明高皇后，習禮凝規，依仁成性。」接著講了施捨楊氏宅邸為寺院的目的：「故知報慈恩於畢地，善權之願斯宏；竭孝享於終天，波若之資攸重。所以虔心勝佑，肅奉明因，乃建香城，虔興淨域。」可知捨宅為寺的目的是為了報答父母的慈恩，為父母進孝心，也盡自己的心願，種下善因。

接著，武則天介紹了大福先寺位置的殊勝：

> 大福先寺者，先聖之舊居也。爾其途臨測景，地處交風，樓臺鬱而煙霧深，山川曠而原野淨。前瞻太室，控紫岳之三花；卻鏡伊

〔註4〕（唐）智昇撰：《續古今譯經圖紀》，《大正藏》第55冊，381頁上。

瀍，帶黃河之千里。龍門右闢，通梵宇之清輝；龜浦橫流，激禪池之逸派。途開八政，門閱九逵。萬國交會之區，四海朝宗之所。

大福先寺天王殿

大意是說，大福先寺，是我母親的舊居，風水很好，樓臺交錯，煙霧繚繞，環境優雅，沒有干擾。向前能看到太室山，向後能憑伊洛瀍河而到黃河，右邊是佛教聖地龍門，左邊是洛河兩岸景觀，又位於萬國來朝的京城，四海人等匯聚的洛陽。武則天更是稱讚大福先寺的壯觀：

　　崇軒四敞，邃宇千重，複道周流，危階邐迤。霜鐘月磬，聲參洛浦之笙；玉女仙人，影接緱山之鶴。」

大福先寺內寬闊的走廊通向四方，殿閣重重，道路循環流轉，高高的臺階通向殿堂。寺院的鐘聲和磬聲和著洛河的水聲，洛河女神的身影，和緱山仙人王子晉相連。

武則天接著講自己為寺廟所做的工作：

　　爾乃崇梵宇，選名僧，或杖錫而來臻，或乘杯而戾止，莫不情塵久謝，性月恒明。遠蹈四禪，迥超三界。談高象外，激揚金口之詞；思逸幽元，敷贊琅函之典。雖復戴馮重席，比雅論而多慚；惠子聯環，擬清談而有愧。十地盡禪門之侶，四天為法會之賓。肅肅焉，惶惶焉，誠紺宇之棟樑，實緇徒之領袖者也。故能使天龍恭敬，道俗歸依。息火宅而清炎，洗塵勞而滌想，宏大慈而廣濟，為曠劫

之洪津。方標六度之功，實啟一乘之路，所以憑善權之妙業，廣元
聖之隆基。仰竭深衷，敬申宏願，聿懷多福，式建浮圖。恭記勝緣，
敬資先佑。

　　然後我抱著對佛教寺院的崇敬，揀選名僧，這些僧人中有的是自己來投
奔，有些是我安排的，都是早就泯滅了情塵，佛性恒明的高僧，他們通達四禪
八定，超脫三界之外，能談論幽冥與未知之事，辯才無礙，就是東漢的博士戴
馮，見到他們也會因自己的無知而感到慚愧，戰國時期的名辯家惠施，與他們
清談也自歎莫如。大福先寺裏都是禪門的才俊和敬法的居士，他們表情嚴肅，
神情自若，真是法門的棟樑和釋門的領袖，因而能使龍天護佑，道俗皈依。他
們幫助信眾解除俗世的塵勞，引導他們拋棄凡俗的煩惱，走向超越的聖域。他
們為信眾建布施、禪定、智慧、精進、持戒、忍辱六種橋樑，開啟走上一乘之
路，告訴他們各種善巧方便，為弘揚佛法，取得成就打下深厚的根基。我仰慕
他們有深奧的佛理和宏偉的誓願，為他們建立寺廟，並記下這個殊勝的因緣，
來回報父母的護佑。

　　　爰初製造，逮至畢功，嘉貺駢闐，休符雜沓。靈禽告曙，匠者
候以興功；仙鶴呈姿，僧徒仰而咸躍。或瑞雲騰彩，繞蓮塔以成文；
或祥龍見奇，俯花臺而曜影。寶梯攝迥，平臨善視之天；香蓋排空，
高出多羅之樹。毗婆山上，七葉敷石室之中；無量佛前，百花散菩
提之下。真人羅不，超化閣以遊神；菩薩聲聞，入仙宮而締賞。文
殊師利，疑問疾於淨名；薩陀波侖，似請經於無竭。十六丈屋，豈
惟須達之功；千二百房，詎假祇陀之勢。雖復寶塔踴出，無以匹此
精奇；花臺傑起，不足擬其神妙。千變萬化，六彩五彰，隱隱冠於
虹蜺，迢迢入於雲漢。珠交夕映，綴星月之仙輝；寶鐸晨吟，韻宮
商之逸響。于闐香像，盡寫龍龕，舍利全身，咸升雁塔。經綸畢備，
制度咸修，既欣冥力之資，理藉神功之助。巍如地踴，邈若天開，
齊壯觀於鐵圍，得規模於梓匠。靈機不測，發揮宇宙之精；神道無
方，盤薄陰陽之氣。當願莊嚴聖宸，奉翊尊容，七淨澄神，三明啟
慮。登花臺而縱賞，俯□座而宣天，□駕辯星皇之表財成，十地凝
圖日帝之先□，宗廟逾隆，與金山而等峻；寰區益廣，並沙劫而常
寧。景運休明，乾坤交泰，龍駕與高穹共遠，鳳歷將□，九瀛塵清，
四表元良，則道光貳極，識朗重明。

從最初開始擴建，到最後完工，各種祥瑞就一直不斷，有靈禽在早晨鳴叫，匠人才開始施工；有仙鶴在天空中飛躍，僧俗都仰頭觀看；有雲彩繞塔，呈現出文字的樣子；或有祥龍在空中，在寺中的荷花池中映出影子；登上福先寺的階梯，可以平視九天；香蓋高舉，比多羅樹還高；這裡堪比印度王舍城的毗婆山的七葉窟，僧人們在此整理經律論三藏；這裡又似佛陀講法的聖地，天花散落在四地。各種得道真人的塑像、菩薩和聲聞的塑像，陳列在各個殿堂，人們到此，彷彿到了世外的仙境。這裡有文殊菩薩問疾於維摩詰的壁畫，有薩陁波侖菩薩向曇無竭菩薩請經的故事（二者為大小般若經裏的菩薩）；十六丈寬的房屋，一千二百間房屋，豈是給孤獨長者（須達）所施捨的祇園精舍所能比擬，就是《法華經》中所說的寶塔湧出，也不能比擬大福先寺寶塔的精妙，寺廟建築千變萬化，顏色各異，遠看好似彩虹，遠遠的連接天漢。福先寺內的寶珠，像星星那樣閃著瑩光，早晨牆角的寶鈴，能奏出和諧的樂章。來自于闐國的神像，被畫在龍龕內；佛的舍利子被放於雁塔高處。經論都已經收集完畢，制度都已經建立，我既對幽冥之力感到欣慰，也是借助佛的神力，建成的福先寺就像從地裏突然蹦出來的一樣，但在遠處看又彷彿天上的忉利天宮，和鐵圍山一樣壯觀，這都得益於本地的工匠。大福先寺匯不測之靈機，連接宇宙之精神，和諧陰陽之二氣。我願意建立佛陀的聖地，莊嚴佛菩薩的聖容，我七次澄清自己的心神，三次整理自己的思緒，登上福先寺的花臺，縱覽寺內的盛景，感覺寺廟建築宏大，幾與七金山等高，佔地之廣，簡直幾萬劫都走不完。有福先寺的功德，國運必然昌盛，乾坤必然和諧，四域必然安定，國家必出人才。如此，則佛光普照二極，人們獲得正確的認識。

武則天碑文中所講大福先寺內「真人羅不，超化閣以遊神；菩薩聲聞，入仙宮而締賞。」講寺內有很多神王像和菩薩像，由唐代《敕還少林寺神王師子記》碑可知，這些塑像並非全是新做的，至少有相當部分是武則天利用權勢強行從其他寺院征來的。碑文講：

> 敕將前件神王入內，比不敢陳請，今內出功德，散與諸寺。且
> 少林神王送在大福先寺，但山寺去都稍遠，巧生難遇，前件神王元
> 在少林寺上坊普光佛堂，今者現□其大福先寺，惣得神王一十五軀，
> 望請前件兩軀，得還少林，令本處尊儀具足，莫得幽山，功德不缺
> 莊嚴，往來有所瞻仰，謹詣光政門奉狀陳請。少林寺主義將。

　　師子郎二，右件師子等，並是少林寺普光堂前，隨神王功德，其
神王奉今月十三日日敕還少林，寺為前狀，不別顯師子等福先寺綱維。
但付神王未付師子，既是隨神王一鋪功德，望請許將還山供養，謹詣
光政門奉狀以聞伏聽。久視元年九月二十九日少林寺主義將等狀。

大福先寺圓覺殿（供奉圓覺大士觀音菩薩）

　　如意元年（692），武則天令將少林寺北魏夾紵塑像一堂十五軀神王像迎入
福先寺供養。少林寺主義將後來上書給廣政門，說少林寺距離都城洛陽稍遠，
為了增加莊嚴氣氛「功德不缺莊嚴」，吸引信眾「往來有所瞻仰」，希望有司能
夠將移到大福先寺的神王像移回少林寺兩軀，獲得批准，但隨神王像一同被帶
到大福先寺的一對石獅子卻並未歸還，於是義將再次上書請求歸還少林寺的石
獅子，也獲得批准。武則天於久視元年（700）敕還少林寺。〔註5〕武則天還曾
為福先寺製作彌勒菩薩銀像一尊，高一丈六尺，「此世帝王敬之極也。」〔註6〕
武則天還將著名的三階教無盡藏由長安化度寺遷到洛陽福先寺：

　　　　武太后，移此藏於東都福先寺，天下物產，遂不復集。乃還移
　　舊所，開元元年，敕令毀廢。〔註7〕

〔註5〕（清）王昶《金石萃編》卷九十一，北京：中國書店，1985年3月（第一版），
　　　　第三冊第2頁。
〔註6〕（唐）大覺：《四分律行事鈔批》卷13，《大正藏》第42冊，第1024頁上。
〔註7〕（唐）韋述：《兩京新記》，轉引自張總：《中國三階教史》，北京：《社科文獻
　　　　出版社》，2013年3月。第265頁。

　　三階教是信行法師在隋代建立的佛教宗派，施行獨特的無盡藏制度，即要求信眾如有能力每天向寺院施捨一小部分財物，保持寺院財力，並用這些財物周濟貧民、擴建寺院和維護生活。由於經營合理，到唐貞觀年間，三階教無盡藏已經形成頗為龐大的財力。武則天定都洛陽後，詔令將無盡藏遷到大福先寺。由此，福先寺有個「三階院」，張彥遠的《歷代名畫記》記載，大福先寺的三階院有吳道子所畫的《地獄變》，「有病龍最妙」，福先寺三階院的病龍在當時非常有名。但由於三階教的根基是在長安，洛陽信眾較少，無盡藏來洛陽後，並沒有集合到多少資產，無奈，只好讓無盡藏重新回到長安。最後唐玄宗上臺後，擔心民間有人利用這些財物作亂，就下令將其毀廢。

　　從《大福先寺浮圖碑》的記載來看，武則天其實是把大福先寺當做國家的代表性寺院來建設的，她對母親楊氏的住宅進行了大規模的擴建，當時，福先寺有安裝舍利子的大雁塔，有一千二百間房屋，它佔地之廣、投入資金之多，甚至為世人所詬病，姚崇就曾向玄宗提過十個條件，其中之一就提到福先寺：

　　　　武后造福先寺，上皇造金仙、玉真二觀，費巨百萬；臣請絕道
　　佛營造，可乎？〔註8〕

　　武則天為福先寺所請的「名僧」，除了前面介紹的提雲般若和法藏以外，還有菩提流志和義淨。菩提流志於武周長壽二年（693 年）來到洛陽，先住佛授記寺，再敕住福先寺，他在福先寺翻譯了《實相般若波羅蜜經》一卷、《文殊師利所說不思議佛境界經》二卷、《佛說寶雨經》十卷、《大乘金剛髻珠菩薩修行分》一卷、《大乘伽耶山頂經》一卷、《有德女所問大乘經》一卷、《妙慧童女所問經》一卷、《妙德婆羅門女問佛轉何法輪經》一卷。〔註9〕另據《大寶積經並序》，他還在福先寺參與了翻譯《華嚴經》的工作。〔註10〕總計在福先寺翻經 11 部之多。但其中的《佛說寶雨經》，許多專家認為可能是他夥同薛懷義炮製出來，為武則天稱帝後製造輿論，穩定其統治。

　　義淨於武周證聖元年（695 年）從印度載譽而歸，帶回梵夾四百部，金剛座真容一鋪，舍利子三百粒。這是類似玄奘歸來的祥瑞事件，受到武則天的熱烈歡迎，她親自到上東門外迎接，並敕住佛授記寺，後又轉福先寺。義淨大師

〔註 8〕（北宋）歐陽修，宋祁撰：《新唐書》卷 124，北京：中華書局，1975 年 2 月
　　　　（第一版），第 4383 頁。
〔註 9〕（唐）智昇：《開元釋教錄》，《大正藏》第 55 冊，第 569 頁中。
〔註10〕（唐）李旦：《大寶積經並序》，《大正藏》第 11 冊，第 1 頁中。

在福先寺翻譯佛經多部：《彌勒下生經》一卷、《佛為勝光天子說法經》一卷、《莊嚴王陀羅尼咒經》一卷、《香王菩薩陀羅尼咒經》一卷、《一切功德莊嚴王咒經》一卷、《善夜經》一卷、《大乘流轉諸有經》一卷、《妙色王因緣經》一卷、《無常經》一卷、《八無暇有暇經》一卷、《長爪梵志請問經》一卷、《根本薩婆多部律攝》二十卷。〔註11〕義淨在印度發現律典完備，決心將一切有部律典請回東土，他在大福先寺居住時，就有不少持律的僧人慕名前去求教，《四分律疏飾宗義記》的作者賓作就曾親赴福先寺拜會義淨。

大福先寺鐘樓

　　義淨在福先寺譯經，得到了西安方面僧人的支持，史載玄奘法師的弟子、慈恩寺僧人法寶曾到福先寺參與義淨大師的譯場。禪宗北宗神秀法師法孫、嵩嶽慧安國師弟子仁儉也曾入住福先寺：

> 洛京福先寺仁儉禪師，自嵩山罷問放曠郊，時謂之騰騰和尚。
> 唐天冊萬歲中，天后詔入殿前，仰視天后良久曰：會麼？后曰不會。
> 師曰：老僧持不語戒，言訖而出，翌日進短歌一十九首。天后覽而
> 嘉之，厚加賜賚，師皆不受。又令寫歌辭傳佈天下，其辭並敷演真
> 理，以警時俗，唯了元歌一首，盛行於世。〔註12〕

　　義淨在洛陽還曾參與實叉難陀在佛授記寺的翻譯八十卷《華嚴經》的譯場，北大的段晴教授在研究于闐國出土的梵文經卷時發現，于闐國流行的《金光明經》版本正是義淨從印度帶回而翻譯的版本，因此她推測可能實叉難陀從義淨那裏抄寫了印度新版《金光明經》，歸國時帶到了于闐。如此，則是中原佛教向西域佛教的回流。〔註13〕武則天時期福先寺達到極盛，福先寺僧玄奉還曾參與甄別佛經真偽，並設有戒壇定期為各地僧人授戒：

> 釋子瑀，字真瑛，姓沈氏，吳興德清人也，其先亡國於沈，因
> 以為氏，春秋沉子之後也。瑀生而聰慧，不以師授，年未總角，辭
> 親出家。以如意年中，大赦度人，壞衣削煤炱世事，於洛京大福先
> 寺受戒。〔註14〕

二、唐代中後期的大福先寺

　　中宗時期，活躍在福先寺的主要是北印度沙門阿你真那，漢言寶思惟。譯出《浴像功德經》一卷、《校量數珠功德經》一卷、《大陀羅尼末法中一字心咒經》一卷。〔註15〕中宗朝福先寺還有沙門慧澄，向朝廷上書要求銷毀《老子化胡經》，有司以漢隋諸書有記載為由拒絕。

　　玄宗時期，活躍在福先寺的著名僧人是開元三大士之首的善無畏大師與高僧一行。開元三大士之首的善無畏大師與其弟子一行法師曾在大福先寺翻經注疏。《宋高僧傳》記載：

> 開元初，玄宗夢與真僧相見，姿狀非常，躬御丹青，寫之殿壁。
> 及畏至此，與夢合符。帝悅有緣，飾內道場，尊為教主，自寧薛王
> 已降，皆跪席捧器焉。賓大士於天宮，接梵筵於帝座，禮國師以廣

〔註12〕（宋）道原纂：《景德傳燈錄》卷4，《大正藏》第51冊，第232頁下。
〔註13〕段晴：《于闐·佛教·古卷》，上海：中西書局，2013年12月（第一版），第184頁。
〔註14〕（宋）贊寧：《高僧傳》卷26，《大正藏》第50冊，第876頁下。
〔註15〕（唐）智昇：《開元釋教錄》，《大正藏》第55部，第566頁下。

成之道，致人主於如來之乘，巍巍法門於斯為盛。……十二年隨駕
入洛。復奉詔於福先寺譯大毘盧遮那經，其經具足梵文有十萬頌，
畏所出者撮其要耳。曰大毘盧遮那成佛神變加持經七卷，沙門寶月
譯語，一行筆受刪綴辭理，文質相半，妙諧深趣，上符佛意下契根
緣，利益要門斯文為最。又出蘇婆呼童子經三卷，蘇悉地揭羅經三
卷，二經具足咒毘奈耶也。〔註16〕

　　開元初年（713），唐玄宗李隆基夜裏夢見一個高僧與其相見，該僧相貌不
凡，於是玄宗就將其像畫出，掛在牆壁上。等善無畏大師到了長安後，玄宗發
現善無畏與自己所夢之僧人相貌契合，覺得自己與善無畏有緣，就將善無畏接
入內道場供養，尊為教主，命寧薛王以下，都跪著給善無畏捧法器。玄宗將善
無畏奉為國師，開元十二年（724），玄宗幸洛，善無畏也隨鑾駕到洛陽，被安
排到大福先寺和一行法師一起翻譯《大毘盧遮那經》，還譯出《蘇婆呼童子經》
三卷、《蘇悉地揭羅經》三卷。《大毗盧遮那神變加持經》也就是密教胎藏界曼
陀羅的根本經典《大日經》，一行法師對此經非常重視，親自作《大日經疏》，
為唐代密宗的創立奠定了基礎。《宋高僧傳》卷第十七記載，一行法師還曾在
福先寺舉行過「無遮大會」以揀選僧才：

　　　　時一行禪師國之師匠。過慮將來佛法誰堪捍禦誰可闡揚。奏召
天下英髦學兼內外者。集於洛京福先寺。大建論場。氳為眾推許。
乃首登座於瑜伽唯識因明百法等論。豎立大義六科。敵論諸師茫然
屈伏。一行驚異曰。大法梁棟伊人應焉。余心有憑。死亦足矣。

　　善無畏和一行法師都是唐密祖師，他們在大福先寺翻譯唐密經典、注釋唐
密經典，所以大福先寺應為唐密祖庭無可爭議。

　　唐朝中期，福先寺不復早期的繁華，但仍修繕活動。《新唐書》卷124記
載，裴度曾奉命修過福先寺，並留下了裴度與皇甫湜的一段佳話：

　　　　皇甫湜，字持正，睦州新安人。擢進士第，為陸渾尉，仕至工
部郎中。辨急使酒，數忤同省，求分司東都。留守裴度辟為判官。
度修福先寺，將立碑，求文於白居易。湜怒曰：「近舍湜而遠取居易，
請從此辭。」度謝之。湜即請斗酒，飲酣，援筆立就。度贈以車馬
繒綵甚厚，湜大怒曰：「自吾為《顧況集序》，未常許人。今碑字三
千，字三縑，何遇我薄邪？」度笑曰：「不羈之才也。」從而酬之。

這段軼事中皇甫湜作為文人的不羈狂放與裴度的大肚能容，頗能打動那些恃才傲物的文士，以至於數百年後的明嘉靖年間，名士徐渭為杭州鎮海樓題記，就要求總制胡宗憲按皇甫湜的要求給予報酬。《西湖夢尋》卷5介紹：

> 樓成，進幕士徐渭曰：「是當記，子為我草。」草就以進，公賞之，曰：「聞子久僑矣。」趨召掌計，廩銀之兩百二十為秀才廬。渭謝侈不敢。公曰：「我愧晉公，子於是文，乃遂能愧湜，倘用福先寺事數字以責我酬，我其薄矣，何侈為！」

晚唐時期，福先寺仍是洛陽著名寺廟。《舊唐書》記載唐昭宗李曄曾到訪過福先寺：

> 後昭宗至洛下，一日幸福先寺，謂樞密使蔣玄暉曰：「德王朕之愛子，全忠何故須令廢之，又欲殺之？」言訖淚下，因齧其中指血流。

唐昭宗李曄聽說朱溫要殺他的愛子德王，非常傷心，到福先寺許願，忍不住質問樞密使蔣玄暉，為何無辜殺人？一個君王，竟然眼睜睜看到自己的愛子被殺而無可奈何，氣的淚流滿面，把中指都咬破了。可知在無力左右自己的命運時，昭宗到福先寺內寄託於神佛的幫助。

大福先寺萬佛殿

釋道丕，長安人，俗姓李，乃唐之宗室，父親乃武將，在山西霍山兵敗殞命。後長安戰亂，道丕遂背著母親上華山，乞討事母。年二十歲，奉母名至霍

山尋找父親遺骨，然遍地白骨不能辨認，遂收集遺骨晝夜誦經，感得父親遺骨搖動。後聲譽日隆，27 歲時被召至洛陽福先寺彌勒院。後唐莊宗賜號「廣智」。與後梁時期曾被召到首都開封，與傳法阿闍黎昭信大師都因童顏不老而號稱「二菩薩」。主要研究《佛名經》、《法華經》、《金剛經》、《彌勒上生經》、《仁王經》。後朝代更替，後周成立，廣順元年即 951 年出任左街僧錄，曾顧問後周世宗，力圖勸止世宗不要禁佛，並預先警告僧眾做好被禁的準備，同時回到洛陽做補救準備。史載由於準備充分，「毀教不深，丕之力也」。〔註17〕

作為唐代著名寺廟，大福先寺深受文人士大夫的喜愛，蔡希寂、皇甫冉、白居易、劉禹錫歐陽詹等唐代詩人都曾到訪福先寺，並留有傳世詩文。如蔡希寂的《登福先寺上方然公禪室》：

> 名都標佛刹，梵構臨河干。舉目上方峻，森森青翠攢。步登諸劫盡，忽造浮雲端。當暑敵烏闈，卻嫌絺綌寒。禪房最高頂，靜者殊閒安。疏雨向空城，數峰簾外盤。午鐘振衣坐，招我同一餐。真味雜飴露，眾香唯茝蘭。晚來恣偃俯，茶果仍留歡。

在名震天下的古都洛陽，大福先寺坐落在洛河邊，抬頭往上看，綠樹如茵，古樹參天，走在寺廟裏，彷彿在雲端信步。在三九酷暑的日子裏，我打開門窗屏障，竟然還覺得有寒意。然公的禪房位置在最高層，在這裡可以獲得內心的安寧。小雨灑落在寺內，向外可以看到遠處的山峰。午飯的鐘聲響了，然公招我一同用餐，吃的都是恬淡可口的飯食，晚上躺在禪房裏，用點水果和茶水，這是多麼愜意的生活啊！

皇甫冉的《福先寺尋湛然寺主不見》：

> 寂然空佇立，往往報疏鐘。高館誰留客，東南二室峰。川原通霽色，田野變春容。惆悵層城暮，猶言歸路逢。

我到福先寺去拜訪湛然法師，卻被告知他出去雲遊了，佇立在寺內，我等了很長時間，報時的鐘聲響了幾次，他卻還沒有回來，誰把他留下了呢？應該是東南方的萬安山吧！雨過天晴，伊洛平原一片清新，田野裏的野草都彷彿到了春天一樣恢復了活力，我卻惆悵地徘徊在寺內，希望能夠在回家的路上碰到湛然寺主。

劉禹錫要去東南方的蘇州任職，他的好友白居易給他送行，兩人在福先寺中作別。劉禹錫的《福先寺雪中酬別樂天》云：

〔註17〕（宋）贊寧：《高僧傳》卷 17，《大正藏》第 50 冊，第 818 頁下。

龍門賓客會龍宮，東去旌旗駐上東。二八笙歌雲幕下，三千世
界雪花中。離堂未暗排紅燭，別曲含凄颺晚風。才子從今一分散，
便將詩詠向吳儂。

兩個洛陽人在福先寺的龍宮宴會，我將要去東方的蘇州上任，風聲伴著笙歌，大地一片白雪，離別的客堂裏紅燭搖曳，歌聲飽含著別離的凄傷。才子們今天一分散，我就要帶著你贈與的詩歌奔向東吳了。

白居易贈給劉禹錫的詩為《福先寺雪中餞劉蘇州》：

送君何處展離筵，大梵王宮大雪天。庾嶺梅花落歌管，謝家柳
絮撲金田。亂從紈袖交加舞，醉入籃輿取次眠。卻笑召鄒兼訪戴，
只持空酒駕空船。

我在哪裏擺上宴席送別禹錫君呢？在福先寺的大梵天宮裏，大雪天裏，雪花猶如庾嶺的梅花那樣掉落在笛子的管口裏，又猶如謝家的柳絮一樣往身上撲來，我們拉著袖子盡情歡舞，喝醉了就倒到車裏睡覺，不像召鄒和訪戴那樣，坐在空船上送別卻沒有酒喝。

被稱為福建「文宗文祖」的歐陽詹，也到過福先寺，留下《同諸公過福先寺律院宣上人房》一詩：

律座下朝講，晝門猶掩關。叨同靜者來，正值高雲閒。寂爾方
丈內，瑩然虛白間。千燈智慧心，片玉清羸顏。松色落深井，竹陰
寒小山。晤言流曦晚，惆悵歸人寰。

宣上人正在給弟子們講律，我同諸公一起到他的禪房，門虛掩著，裏面乾淨樸素，千燈傳智慧，照著玉佛的容顏。松葉飄落到深井裏，竹林的樹蔭掩蓋著假山。我們在寺內談話到天色晚，這才依依不捨地返回俗世間。

大福先寺在洛陽對外關係史上也有重要地位。唐玄宗天寶年間，有位道璿律師，受到日本僧人的邀請，到日本奈良弘傳律法，作為後來鑒真大和尚東渡日本的先鋒。《唐大和上東征傳》記載：

日本天平五年歲次癸酉，沙門榮睿普照等隨遣唐大使丹墀真人
廣成，至唐國留學，是年唐開元二十一年也。唐國諸寺三藏大德，
皆以戒律為入道之正門，若有不持戒者不齒於僧中。於是方知本國
無傳戒人，仍請東都大福先寺沙門道璿律師，附副使中臣朝臣名代
之舶，先向本國去擬為傳戒者。〔註18〕

〔註18〕（日）真人元開：《唐大和上東征傳》，《大正藏》第51冊，988頁上。

大福先寺神龕

　　日本求法僧榮睿和普照，於開元二十一年（733）來到唐國，發現唐朝僧人非常重視戒律，大家都很鄙視不守戒律的出家人，意識到日本缺少律師，就請東都大福先寺的道璿律師先到日本，作為前站。後來鑒真到達日本奈良後，道璿律師率領弟子前去迎接他，第二天再去慰問他：

> 　　復有道璿律師，遣弟子僧善談等迎勞。復有高行僧志忠、賢璟、
> 靈福、曉貴等三十餘人，迎來禮謁，四日入京，勅遣正四位下安宿
> 王，於羅城門外迎慰拜勞，引入東大寺安置。五日唐道璿律師婆羅
> 門菩提僧正來慰問。宰相、右大臣、大納言已下官人百餘人來禮拜
> 問訊。〔註19〕

　　道璿律師先於鑒真多年到達日本，在日本他學習日本語，並教授日本弟子漢語，在鑒真大師到達日本後，他請鑒真的得意弟子思託到自己所在的「大安唐院」教授弟子，以傳承律學，因為「承學有基緒」。

〔註19〕（日）真人元開：《唐大和上東征傳》，《大正藏》第 51 冊，993 頁中。

唐道璿律師請大和上門人思託曰:「承學有基緒,璿弟子閑漢語者,令學勵疏並鎮國國記,幸見開導。僧思託便受於大安唐院,為忍基等四五年中研磨數遍,寶字三年,僧忍基於東大唐院講疏記;僧善俊於唐寺講件疏記;僧忠慧於近江講件疏記;僧惠新於大安塔院講件疏記;僧常巍於大安寺講件疏記;僧真法於興福寺講件疏記。從此以來,日本律儀漸漸嚴整,師資相傳,遍於寰宇。如佛所言:我諸弟子展轉行之,即為如來常在不滅,亦如一燈燃百千燈,暝者皆明明不絕。〔註20〕

後來這批弟子人才輩出,被派到日本各地弘傳律法。如忍基被派到「東大唐院講疏記」,將僧善俊「唐寺」傳疏記,忠慧被派到近江將疏記,惠新被派到「大安塔院」講疏記,常巍派到「大安寺」講疏記,真法被派到「興福寺」講疏記。這種「分燈傳律」的做法,使得初到日本的律法很快就站穩了腳跟,「師資相傳,遍於寰宇」,為日本律宗的創立貢獻巨大。根據上下文的意思,「分燈傳律」極有可能是道璿律師的主意,然後被鑒真法師採納的。可見,道璿是日本律宗的祖師之一,作為道璿律師在華居住的寺廟,大福先寺同時也是日本律宗的祖庭之一,這也是無可爭議的,也是之前的研究沒有注意到的。

三、唐以後的大福先寺

唐以後福先寺的具體情況不詳,但一直存在。明代天啟年間(1621～1627),洛河泛濫,將寺廟沖毀,僅剩下雁塔,故當地人稱為塔寺,大約不久一支回民遷居此地,稱本地為「塔兒灣」,就是現在的塔灣村。後來到清初,當地的漢民再次將寺廟建起來,稱為「塔寺」。清康熙三十五年(1696年),信徒王善言出資重修了寺廟,現在福先寺還有塊碑,上面還有「重修塔寺碑記永垂不朽」的字樣,說明清朝早中期,福先寺被稱為「塔寺」。清嘉慶二十四年(1819)的石碑記載:「郡東數里有福先寺,門臨大道,乃行人息肩所也。」〔註21〕說明所謂的塔寺,就是老百姓口中的「古唐寺」,也就是唐代赫赫有名的大福先寺。1922年,當地信眾重修了福先寺,並請吳佩孚的參謀長張佑民

〔註20〕 (日)真人元開:《唐大和上東征傳》,《大正藏》第51冊,994頁上。
〔註21〕 轉引自徐金星主編:《河洛通覽》,鄭州,中州古籍出版社,2008年8月,第一版,第171頁。

題寫了「古唐寺」三個字。據徐金星先生介紹，福先寺原有五重大殿，依次為山門殿、觀音殿、白衣殿、立佛殿、後大殿，大體保存完好，但後大殿在文革中被毀。〔註22〕

最後談一下為何稱大福先寺為唐密祖庭。什麼樣的寺廟可以被稱為祖庭？西北大學玄奘研究院院長李利安教授曾經這樣解釋：

「所謂祖庭，就是中國漢傳佛教各宗派的發源地或具有發源地象徵意義的寺院，……所謂創教祖師是指歷史上公認的該宗派創立時期為該宗派的正式形成做出巨大貢獻的祖師。……什麼樣的人會被奉為祖師呢？在中國佛教歷史上，一個宗派的祖師序列是不同時代逐漸形成的，凡是在該宗派歷史上做過重要貢獻的人都可能被奉為祖師。一般來說，這種重要貢獻是指以下幾個方面：第一，該宗派所奉經典的翻譯者和最初的弘揚者，如三論宗中土初祖鳩摩羅什，唯識宗中土初祖玄奘，密宗中土前三代祖師善無畏、金剛智、不空；第二，該宗派所奉經典的最初和最主要的注釋與弘傳者，如天台宗的智顗、律宗的道宣、三論宗的吉藏、華嚴宗的前三代祖師等；第三，該宗派所宗奉的思想與信仰以及修行方法的最初倡導者或最重要的推廣者，如淨土宗的慧遠和善導之後的各位祖師；第四，與該宗派理論情趣與修行風格一致或因為具有一定關聯性而被後世奉為祖師，如禪宗的初祖菩提達摩；第五，為該宗派的復興或發展做出巨大貢獻的，如華嚴宗的第四代祖師澄觀，淨土宗第十三代祖師印光等。……因為中國漢傳佛教宗派很多，而一個宗派的形成必然經過數代的努力，所以一個宗派內部也有多個創教祖師，加之一個祖師的活動地和舍利供奉地一般不會限於一個寺院。於是，一個宗派肯定是多祖庭的。」〔註23〕

從上介紹可知，因華嚴宗祖師康法藏在此翻譯過佛經，它可稱為華嚴宗祖庭；因密宗祖師善無畏和一行在此翻譯密宗根本經典《大日經》，祖師一行法師在此著《大日經疏》，它又可稱為唐密祖庭；因道璿律師赴日本傳律，它又可稱為是日本律宗的祖庭；法藏由於在大福先寺時間不長，道璿由於在中國名氣不大，而善無畏和一行在大福先寺翻經弘法，稱之為唐密祖庭最無爭議，故我們就選擇了「唐密祖庭」這一稱號。

〔註22〕徐金星主編：《河洛通覽》，鄭州，中州古籍出版社，2008年8月，第一版，第171頁。
〔註23〕轉引自王宏濤：《西安佛教祖庭·序言》，西安：西安電子科技大學出版社，2015年11月。

　　唐代的福先寺地位很高，武則天時期，它是代表性的皇家寺廟，女皇武則
天在大福先寺的建設上，傾注了其他寺廟無法比擬的關照。在當代，它又是洛
陽碩果僅存的翻經道場，意義非凡。唐代中後期，福先寺仍然是洛陽乃至全國
著名的寺院，無數文人騷客再次聚集，在這洗清自己在物慾權爭方面的疲憊，
然後依依不捨的離去。武周時期的福先寺，可以說是洛陽最具代表性的寺廟，
是篤信佛教的洛陽信眾的心靈淨土。這樣一座背負著悠久歷史和文化的寺院
有幸保存至今，真是洛陽之幸，佛教之幸。

第十九章　唐密祖庭──洛陽廣化寺

　　龍門伊闕的青山碧水間坐落著一座歷史悠久的千年古剎，名為廣化寺。香火綿延，至今不衰。廣化寺是日本高野山每兩年一度的「重走空海路」洛陽站的合作寺廟，在海內外有較大的影響。筆者受香港密教協會陳佩筠女士的囑託，鉤沉一下廣化寺埋沒千年的歷史。

一、廣化寺實建於唐代

廣化寺鳥瞰

　　廣化寺建造於哪個年代，至今尚不能完全確定。清乾隆年間編修的《洛陽縣志》云：

　　　　龍門舊有八寺，皆元魏時建，今存者二焉。曰乾元寺。故址在伊闕東，後被盜，移建於山麓。乾隆四年重修。又廣化寺，康熙四十四年修。

　　　　香山寺，元魏時建，唐少傅白居易修，增築藏經堂，為寺招僧，公卜居於山麓，愛其地因以為號。集中有香山二記，吟詠尤多，康熙四十七年重修。〔註1〕

　　依此則廣化寺建於北魏，事實上廣化寺方面也確實是這麼宣傳的。但這段記錄不無令人疑惑之處：既然上文講「龍門八寺，皆元魏時建，今存者二焉」，即乾元寺與廣化寺。下文接著又說龍門還有元魏時修建的香山寺，卻不在元魏所建的「龍門八寺」之中。就連清嘉慶年間所修的《洛陽縣志》也覺察出乾隆縣志中的這個矛盾：

　　　　府志後魏所建龍門八寺建於伽藍記者唯有石窟、靈巖二寺，餘六寺見於洛志者曰乾元、曰廣化、曰崇訓、曰寶應、曰嘉善、曰天竺，而奉先、香山不與焉。然奉先、香山據舊洛志亦建於後魏，則為十寺。故白居易記：龍門十寺，香山為冠。〔註2〕

　　意思是說，北魏建造的「龍門八寺」，據《河南府志》載，分別為石窟寺、靈巖寺、乾元寺、廣化寺、崇訓寺、寶應寺、嘉善寺、天竺寺。然而，頗為奇怪的是，楊衒之所著的《洛陽伽藍記》，全面地記述了洛陽佛教寺廟，卻並沒有所謂的「龍門八寺」之說，只是提到「京南關口有石窟寺、靈巖寺」。〔註3〕因此作者疑惑北魏建立的應該是「龍門十寺」。

　　然而除了白居易有「十寺」之說外，其他都講的是「八寺」。更何況白居易雖講「十寺」，並未言這「十寺」都是北魏所建。這與我們這裡討論的北魏所建的「龍門八寺」不是一個概念。並且對於「龍門八寺」的內涵，還有別的說法：「《名勝志》舉『龍門八寺』之名，而並數奉先、香山。」〔註4〕《名勝志》所講的龍門八寺，包括奉先寺與香山寺。既然按照這個版本，這兩個寺廟

〔註1〕（清）龔松林：《（乾隆版）洛陽縣志》卷十一，洛陽圖書館藏，第28頁。

〔註2〕（清）陸繼輅，魏襄：《嘉慶版洛陽縣志》卷二十二，洛陽圖書館藏，第14頁。

〔註3〕楊衒之著，周祖謨校：《洛陽伽藍記校譯》，北京：中華書局，2010年9月，第213頁。

〔註4〕（清）陸繼輅，魏襄：《嘉慶版洛陽縣志》卷二十二，洛陽圖書館藏，第14頁。

為八寺之中的兩個，那麼《河南府志》中所列舉的八個寺廟中就肯定有兩個不是北魏建造的。為什麼對於「龍門八寺」的內涵的記載這麼混亂呢？「據薩天錫《龍門記》，伊闕兩岸，舊有八寺，無一存者，但東崖嶺有壘石址兩區，餘不可辨。」〔註5〕既然八寺中有六寺都遺址無存，存在遺址的兩處卻是在東山而不是廣化寺所在的西山。加之楊衒之是北魏末年人，其文中也沒有出現「龍門八寺」的說法，說明所謂的「龍門八寺」應屬後人的推測與總結，並沒有多少史學價值。另一個疑惑是從北魏至唐二百多年，僧傳中也並未出現廣化寺的任何記錄。這些情況不能不引起人們對廣化寺北魏建立說的懷疑。

《河南府志》的記載，在沒有相反證據存在的情況下，也不能輕易否定。北魏都洛時期，先後造寺一千三百多座，大小不一。龍門地區的寺廟，恐怕也不僅僅只有八座。然歷經戰亂，龍門地區能保存下來的就不多了，可能到了《河南志》修訂時期就有了所謂的「龍門八寺」之說。《洛陽伽藍記》中沒有記述廣化寺，原因也可能是該寺在北魏時期並非著名寺廟。唐中期以前的僧傳中沒有廣化寺僧的傳記也可解釋為廣化寺不是很有名氣的寺廟。

然而唐代有一則史料卻明確地交代了廣化寺的緣起，足以打破舊有的說法。該文獻記載廣化寺的建立與天竺高僧、「開元三大士」之一的善無畏大師有關：

> 貞元十一年，歲次乙亥，四月戊戌朔，十七日甲寅建。乾元元年，郭令公奏，塔院為廣化寺。

> 專撿校，當寺弟子上座僧、善義寺主僧光秀、都維那僧志滿、弟子前上座惠照、曇真、寺主如璋，堅固典座。道岌、扶風馬瞻河東屈賁刻字。〔註6〕

這段文字值得我們重視。該文獻是善無畏的弟子們為其師所造的墓誌銘，其真實性毋庸懷疑。善無畏的塔院於乾元元年（758年）由郭令公（即郭子儀）奏請朝廷將之改為廣化寺。

《洛陽縣志·拾遺記》中有一段文獻也可以作為輔證：「司馬溫公居洛，嘗同范景仁遊嵩山，由軒轅道至龍門，遊奉先諸寺，上華嚴閣、千佛崖、尋高公堂，渡潛溪入廣化寺，觀唐郭汾陽鐵像。」司馬溫公即司馬光，范景仁即范

〔註5〕（清）陸繼輅，魏裏：《嘉慶版洛陽縣志》卷二十二，洛陽圖書館藏，第14頁。
〔註6〕（唐）李華：《玄宗朝翻經三藏善無畏贈鴻臚卿行狀》，《大正藏》第50冊，第291頁下。

鎮，四川華陽人，當世名士，郭汾陽即郭子儀。可見，宋代時，廣化寺內還保留有郭子儀的鐵像。寺廟裏很少為凡人立像供養，這種作為，估計是紀念郭子儀為建立寺廟做出的努力有關。

善無畏三藏顯彰碑

並且按照佛教界的慣例，教派祖師圓寂建塔的寺廟就可以稱為祖庭。那麼，將洛陽廣化寺稱為密宗祖庭是可以成立的。因而，筆者呼籲廣化寺方面以科學的態度對待這個問題，拋棄時代越久遠、價值就越高的觀念。因為就其本質而言廣化寺是個宗教場所，其價值的高低絕不僅僅體現在建立的年代上，而更在於其在佛教文化中的分量上。

二、五代時期的廣化寺：高僧傾心的寶地

繼唐代以後，五代時期的廣化寺迎來了又一個高峰，期間先後有可止、僧照、夢江、道丕四位法師與廣化寺有緊密聯繫。

釋可止，俗姓馬，范陽（今北京）人，十二歲出家，先後學習律法、禪定、經論，通達因明，十幾歲就開壇講法，僧俗歸心。十九歲至五臺山求戒。在長安大莊嚴寺講法收徒幾年，聲名大震，於乾寧三年即 897 年獲唐昭宗召見，並獲賜紫衣袈裟，在內殿講法。後被盧龍節度使（轄北京地區）劉仁恭請回老家范陽，誦讀青龍疏三載，感蟒蛇來聽。後李存勖攻陷幽州，俘獲劉氏父子，范

陽大亂，可止避難中山（今河北南部），後唐宰相馮道命招討使王晏休找到可止，以車馬送到當時的首都洛陽，被朝廷賜號「文智」。曾作《頓漸教義鈔》一卷行於世。

　　可止法師乃當世高僧，且文采飛揚，與當時的名士交心，並曾奏請唐昭宗修復草堂寺，並獲皇帝手書的匾額。晚年居後唐都洛陽，任長壽淨土院住持：

　　　　於長壽淨土院住持，應順元年甲午正月二十二日忽微疾作，召
　　　弟子助吾往生念彌陀佛，奄然而化，俗年七十五，僧臘五十六。閏
　　　正月二日茶毗收遺骨。至清泰二年四月八日建塔於龍門山廣化寺之
　　　東南隅。〔註7〕

　　可止是長壽淨土院的住持，卻最終選擇歸葬於洛陽廣化寺的東南角，足見當時廣化寺在洛陽信眾心目中的地位。

　　釋僧照，俗姓張，范陽人。十四歲出家，研究《金光明最勝王經》、《維摩經》、《法華經》等。天佑中（907～907）到河北，獲「至真大師」的稱號。後到洛陽，在法林寺開法華講席，影響甚大。

　　　　乾佑元年三月二十六日示滅，春秋七十，夏臘五十四。時太傅
　　　李公方以侍中守洛，躬餝喪禮。四月三日，茶維於城南，獲舍利明
　　　潤。通守濟陽丁公為樹塔，葬之廣化寺南岡。〔註8〕

　　僧照於乾祐元年即948年圓寂，樹塔於廣化寺南。

〔註7〕（北宋）贊寧：《高僧傳》卷七，《大正藏》第50冊，第748頁上。
〔註8〕（元）夢堂曇噩：《新修科分六學僧傳》卷二十三，《大正藏》第77冊，第277頁中。

　　釋夢江，俗姓楊，洛陽人，歸心《仁王般若經》，清泰中（934～937）受洛陽廣化寺僧眾的請求開講《百法明門論》：

　　　　清泰中龍門廣化寺請為眾開演，遇帝幸其寺宣問，妙辯天逸，悅可上心。時於御前賜紫袈裟，確乎不受。訓導二十餘年。……周顯德三年疾終，緇素悲慕，為其建塔矣。〔註9〕

　　夢江法師為廣化寺僧演法，適逢後唐末帝李從珂到廣化寺問道。夢江法師「妙辯天逸，悅可上心。」獲贈紫衣袈裟。於後周顯德三年即957年圓寂。

廣化寺五百羅漢堂

　　釋道丕，長安人，俗姓李，乃唐之宗室，父親乃武將，在山西霍山兵敗殞命。後長安戰亂，道丕遂背著母親上華山，乞討事母。年二十歲，奉母名至霍山尋找父親遺骨，然遍地白骨不能辨認，遂收集遺骨晝夜誦經，感得父親遺骨搖動。後聲譽日隆，27歲時被召至洛陽福先寺彌勒院。這是昔日道安在洛陽翻譯佛經的著名譯場。後唐莊宗賜號「廣智」。與後梁時期曾被召到首都開封，與傳法阿闍黎昭信大師都因童顏不老而號稱「二菩薩」。主要研究《佛名經》、《法華經》、《金剛經》、《彌勒上生經》、《仁王經》。後朝代更替，後周成立，廣順元年即951年出任左街僧錄，曾顧問後周世宗，力圖勸止世宗不要禁佛，並預先警告僧眾做好被禁的準備，同時回到洛陽做補救準備。史載由於準備充分，「毀教不深，丕之力也」。〔註10〕

〔註 9〕（北宋）贊寧：《高僧傳》卷七，《大正藏》第50冊，第750頁上。
〔註10〕（北宋）贊寧：《高僧傳》卷七，《大正藏》第50冊，第818頁下。

以顯德二年乙卯六月八日微疾，十日令弟子早營粥食云，有首
楞嚴菩薩眾多相迎。令鳴椎俄然而化，春秋六十七，僧臘四十七。
緇素號哭，諸寺具威儀，送葬於龍門廣化寺之左，立石塔焉。未終
之前寺鐘無故嘶嘎。表剎龍首忽焉隕墜。〔註11〕

道丕晚年信奉《首楞嚴經》，弟子眾多。他於 955 年辭世，安葬於龍門廣
化寺左側。

從以上四位法師的介紹我們可以得知，可止法師是洛陽長壽淨土院住持，
歸心淨土，圓寂時要求弟子助念，願生阿彌陀佛淨土；僧照法師是在洛陽法林
寺主講《法華》；夢江法師最擅長的則是《百法明門論》，道丕晚年則醉心於《首
楞嚴經》。四位法師都不是廣化寺僧，所好不一，卻都選擇葬於廣化寺。可見，
這一時期的廣化寺，是以洛陽最著名的塋地為特點的。考慮到唐五代時期僧俗
有圍繞自己心儀的高僧舍利塔建立自己的遺骨塔的習俗，洛陽眾多僧人放棄
自己的寺廟而選擇長眠於廣化寺也許與密教高僧善無畏的真身塔院在此有
關。依此論斷，五代時期的廣化寺一定是洛陽高僧傾心的寶地。

三、宋代的廣化寺：文人騷客徜徉其間

廣化寺大殿

〔註11〕　（北宋）贊寧：《高僧傳》卷七，《大正藏》第 50 冊，第 818 頁下。

善無畏究竟是如何安葬的，《行狀》裏沒有說明。但據宋人的記載，善無畏的遺體並未荼毗，而是以「真身」的形式保存於廣化寺中：

> 弟子寶月、一行，皆足受道，數求還西。上安慰不許。二十三年示滅，真體不壞，塔於龍門之西山。〔註12〕

善無畏晚年以弟子寶月和一行都已經學成為由，數次向朝廷請求回印度，沒有得到允許，於開元二十三年（736年）圓寂，而真身不壞。二十三年圓寂，並不等於二十三年就下葬，關於下葬的時間，《宋高僧傳》有個說法：「二十八年十月三日，葬於龍門西山廣化寺之庭焉，定慧所薰全身不壞。」〔註13〕

也就是說，善無畏的真身安葬於開元二十八年，即741年，所建的塔院應該就是廣化寺的前身，也是廣化寺可追溯的最早的建築。

不過，這個真身究竟是不是就是善無畏的真身，並非沒有一點疑問的：

> 四年三月，上（宋真宗）幸洛陽龍門山廣化寺瞻無畏三藏塔，制贊刻石置之塔所。復幸白馬寺瞻摩騰三藏真身。上謂近臣曰，摩騰至今千年，而全身不壞，良可尊敬。宜嚴諭寺僧用心守護。〔註14〕

到北宋時期，洛陽竟然還保留有千年之前攝摩騰的真身，並且也是全身不壞。考慮到攝摩騰本身的存在與否尚不是信史，這樣的說法就頗讓人懷疑。並且如果白馬寺內攝摩騰的真身是偽造的，那麼廣化寺中善無畏的真身如何保證就是真的？不過，《高僧傳》的一則介紹似乎可以證實廣化寺的真身就是善無畏無疑：

> 乾元之初唐風再振，二禪師刻偈，諸信士營龕，弟子舍於旁。有同孔墓之戀，今觀畏之遺形漸加縮小，黑皮隱隱骨其露焉，累朝旱潦皆就祈請，徵驗隨生且多檀施。〔註15〕

該段論述中，作者似乎親眼見過善無畏的真身。贊寧生活於北宋初年，距離善無畏圓寂的唐中期雖有二百多年，這一時期的廣化寺並未衰敗，從上文可知其更加昌盛，推測其可能未受唐末兵亂的破壞，依此論則贊寧關於善無畏的真身的論述還是較為可信的。而志磐的《佛祖統紀》可能就是沿用了贊寧的說法。

〔註12〕（南宋）志磐：《佛祖統紀》卷二十九，《大正藏》第49冊，第296頁中。
〔註13〕（北宋）贊寧：《高僧傳》卷七，《大正藏》50冊，第716頁上。
〔註14〕（南宋）志磐：《佛祖統紀》卷二十九，《大正藏》第49冊，第404頁中。
〔註15〕（北宋）贊寧：《高僧傳》卷七，《大正藏》第50冊，第716頁上。

念佛堂

因為廣化寺中藏有善無畏大師的真身。這就保證了其在宋代仍然是朝野矚目的著名寺廟：

八年三月，上幸洛陽至龍門山廣化，開無畏三藏塔瞻敬真體。
四月上將郊天，而雨不止，遣使禱無畏塔，及期而霽。上自洛陽回京師，手書金剛經，常自讀誦。〔註16〕

也就是說，宋太祖趙匡胤曾親臨洛陽廣化寺，並開啟寶塔瞻仰無畏大師的真身。趙匡胤要祭天，大雨不止，遣使去無畏塔祈禱，到了祭天的當日果然天就晴了，果然靈驗無比。

宋代除了太祖趙匡胤以外，真宗也曾幸臨廣化寺：「四年三月，上（宋真宗）幸洛陽龍門山廣化寺瞻無畏三藏塔。制贊刻石置之塔所。」〔註17〕宋代曾有兩位皇帝親臨廣化寺，說明宋代的廣化寺仍然令人矚目，善無畏的寶塔仍在。

宋代的廣化寺已經不僅是教界著名的寺廟了，文人騷客也頻頻光顧與此，給人留下了不朽的詩篇。如歐陽修就不止一次賦詩詠歎廣化寺：如《宿廣化寺》：「橫槎渡深澗，坡露採香薇。樵歌雜梵響，共向松林歸。日落寒山慘，浮雲隨客衣。」再如《自菩提步月歸廣化寺》：「春岩瀑泉響，夜久山已寂。明月

〔註16〕　（南宋）志磐：佛祖統紀卷二十九，《大正藏》第 49 冊，第 396 頁下。
〔註17〕　（南宋）志磐：佛祖統紀卷二十九，《大正藏》第 49 冊，第 404 頁中。

淨松林，千峰同一色。」張耒的《廣化遇雨》：「浮雲蔽高峰，臺殿延晚色。風聲轉轂豪，雨腳射山白。東樓瞰虛明，龍甲排松柏。蕭森異人境，坐視動神魄。撞鐘寺門掩，晚霽尚殘滴。相攜下山去，塵靜馬無跡。歸來解鞍歇，新月如破壁。但恐桃花源，回舟已青壁。」宋庠的《謁龍門無畏師塔祈雨作》：「梵聖遺靈骨，洪緣福故都。慈深雲不斷，法遍雨常俱。使節開真槲，天香奉供爐。拳拳依帝力，餘潤冀昭蘇。」另外還有文彥博的《和副樞吳諫議寄題廣化寺東軒》、《登廣化閣》等。這些詩詞給世人描繪了廣化寺迷人的景色，將瞬間的感受化為了永恆的紀念。

宋以後的幾百年間，便很少見到有關洛陽廣化寺的資料了。《河南志》中提到廣化寺是所謂的北魏所建的「龍門八寺」之一。觀點雖然不準確，但足可證明其一直都存在。嘉慶版的《洛陽縣志》曾記載廣化寺在清代有幾次修繕：

> 本朝康熙中，里人王喜學，乾隆四年，里人王璥、王鏈先後益
> 修廣化寺。在伊闕西北，唐無畏禪師葬此，康熙四十四年僧照洪募
> 修。〔註18〕

廣化寺在文革中被毀，1992 年在舊寺址上重新恢復。現寺中另有無畏師塔、鐘鼓樓、廂房等。1988 年 5 月 17 日，日本真言宗各派總大本山高野山真言宗友好訪華團一行 70 餘人，渡海來廣化寺朝拜，並於 10 月間請趙樸初書寫，在廣化寺址立起「善無畏三藏顯彰碑。」

四、結語

「若問古今興廢事，請君只看洛陽城」，伴隨著洛陽城的興廢，廣化寺也幾經沉浮。寺廟主要是靠當地信眾供養而生存的。洛陽地位顯赫時，經濟繁榮，寺廟也就興盛；洛陽衰落時，經濟凋蔽，寺廟養不起眾多的僧人，就會衰落。所以廣化寺的沉浮總是與洛陽城的興衰保持同步。關於廣化寺成立的時間，如果從被改為寺院時算起，則為唐乾元元年，即公元 758 年；如果從善無畏的塔院開始建立算起，則為開元十一年，即 723 年。唐代時期的廣化寺，是密教的祖庭，密教色彩濃厚。

五代時期葬在廣化寺的四位高僧，所好不一，卻都選擇在圓寂後長眠於廣化寺，說明廣化寺已經沒有了明顯的教派色彩，是洛陽高僧傾心的寶地。唐末帝李從珂曾到廣化寺問道，巧遇夢江法師，說明五代時期廣化寺仍能引起皇室

〔註18〕 （清）陸繼輅，魏襄，嘉慶版洛陽縣志卷二十二〔M〕，洛陽圖書館藏，第 14 頁。

的注意，屬於當時最著名的大寺廟之一。夢江法師應廣化寺僧眾的邀請，去講《百法明門論》，說明五代時期廣化寺內還有比較興盛的講經活動。

宋代廣化寺仍然被朝野公認為比較靈驗的寺廟。在當時人心中，去廣化寺看善無畏大師的真身塔，是很流行的活動。兩位皇帝蒞臨廣化寺瞻仰大師的真身即說明了這一點。而眾多文人騷客徜徉其間，恐怕也多於此有關。

第二十章　韓國唯識宗祖庭——
龍門香山寺

一、早期的龍門香山寺：慧可圓測緣分深

龍門香山寺

　　宋代陳振孫《白文公年譜》曾有「（香山）寺在龍門山後，魏熙平元年（516年）建」[註1]的說法。而南唐靜、筠二師編纂的《祖堂集》則記載了禪宗二祖慧可曾在龍門香山寺出家的故事：

────────────

〔註1〕（宋）陳振孫撰，（清）汪立名編：《白文公年譜》，汪氏一隅草堂刻本，康熙42年。

第二十九祖師慧可禪師者，是武牢人也，姬氏。⋯⋯至年三十，
往龍門香山寺，事寶靜禪師，常修定慧。既出家已，至東京永和寺
具戒。年三十二，卻步香山，侍省尊長。〔註2〕

其文從前到後充滿了神異色彩，先是講慧可生有靈異，幼而不凡，三十歲
那年在龍門香山寺出家，師從寶靜禪師，後在東京永和寺受具足戒，而後又回
香山寺，隨寶靜和尚學法。忽然有一天，見到神人，為其換骨，自此聰慧衝天，
寶靜禪師覺得自己已經教不了他了，就勉勵他出去遊學，終於在嵩山碰到達摩
大師。

可見，香山寺始建於北魏。唐道宣的《續高僧傳》中明確記載了慧可，其
內容可與《祖堂集》相互補充：

釋僧可，一名慧可。俗姓姬氏，虎牢人。外覽墳素，內通藏典。
□末，懷道京輦，默觀時尚。獨蘊大照，解悟絕群，雖成道非新，
而物貴師受，一時令望咸共非之。但權道無謀顯會非遠。自結斯要
誰能繫之。年登四十，遇天竺沙門菩提達摩遊化嵩洛，可懷寶知道
一見悅之。奉以為師。〔註3〕

道宣講慧可北魏末年到洛陽，對佛教經典已經有不凡的見識，但因當時的
人貴師承（「物貴師授」），而慧可因學無師承（「獨蘊大照，解悟絕群」），而為
時人所非（「一時令望咸共非之」），直到遇到達摩。

玄奘法師二大弟子之一的圓測法師，圓寂後埋葬在香山寺。圓測，新羅人，
十五歲離開新羅，於貞觀二年（628年）來到長安，受教於攝論師法常、僧辯。
而玄奘法師也曾隨法常、僧辯學過唯識，說起來兩者還有同門之緣。在玄奘留
學歸來，聲譽極高，圓測也慕名跟隨玄奘學習，成為了玄奘的弟子。

《大周西明寺故大德圓測法師佛舍利塔銘（並序）》記載，圓測，也稱文
雅，為新羅王孫。三歲就出家為沙彌。後來到中國留學，貞觀中，唐太宗度其
為僧，住在京城元法寺。在玄奘歸國前夕，圓測夢到有婆羅門將大捧的水果送
到其懷中。等到玄奘歸國，果然將唯識宗的精要教授給他。後來圓測被召入西
明寺，寫成《成唯識論疏》十卷、《解深密經疏》十卷、《仁王經疏》三卷、《心
經疏》、《無量義經疏》、《觀所緣論疏》等。法師性愛山水，不願在城市居住，

〔註2〕（南唐）靜，筠二禪師編纂、孫昌武等點校：《祖堂集》，北京：中華書局，2007
　　　　年10月，第105～106頁。
〔註3〕（唐）道宣，《續高僧傳》，《大正藏》第50冊，第551頁。

就搬到終南山雲際寺居住，還嫌不夠清淨，就再搬到寺外三十處的一個小屋內靜居八年，後在西明寺高僧的請求下才回到西明寺，講解《成唯識論》。

香山賦詩奪錦袍

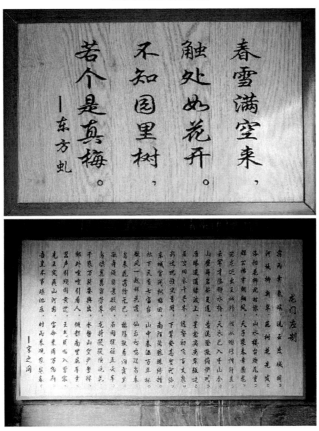

當時中天竺三藏地婆訶羅來到京師，奉旨翻譯《密嚴經》，組建譯場，圓測法師為首座。後又被武則天召入東京洛陽，參與實叉難陀的譯場，翻譯《新華嚴經》，即八十華嚴經。新《華嚴經》還沒有翻譯完畢，就圓寂在洛陽佛授記寺，時間是在萬歲通天元年（696 年）七月二十二日。享年 84 歲。在當月的二十五日，葬於洛陽龍門香山寺北谷，舍利塔名白塔。

圓測生前主要住於長安西明寺，傳播唯識學甚為得力，也深得唐高宗與武則天的寵信，弟子眾多，有「西明法師」、「西明圓測」的稱號。他的弟子慈善，也曾為「西明寺主」，地位很高。勝莊也是他的弟子，參加過菩提流志和義淨的譯場，有不少唯識論著。圓測的另外一個弟子道證，學成後回到新羅，他有得意門生太賢，被韓國人稱作「海東瑜伽之祖」，為朝鮮唯識學的發展做出了

很大貢獻。因為圓測的舍利塔（白塔）葬在龍門香山寺，該寺也就因此成為了韓國唯識宗的祖庭。

圓測在長安的徒弟西明寺主慈善法師、大薦福寺大德勝莊法師等，覺得在長安缺少供奉師傅的場所，就從香山寺白塔處，分出一部分遺骨，放在寶函中，用石棺槨盛殮，葬於終南山豐德寺東嶺上當初圓測法師曾經往遊的地方，並且起塔供養，內還安放佛舍利四十九枚。到宋代時，這裡山高林密，人跡罕至，考慮到時間的摧殘，恐怕以後無人知道這是圓測的舍利塔，於是由龍興寺仁王院廣越法師，於大宋政和五年（1115年）四月八日，將豐德寺圓測遺骨並佛舍利遷葬於興教寺玄奘塔的左側，起塔供養，同時還重修了窺基塔。

二、武周時期的香山寺：香山賦詩奪錦袍

香山寺始建於北魏，但可能當時還不叫香山寺，香山寺的名字，始於武則天時期。法藏的《華嚴經傳記》記載，武周時期的印度高僧地婆訶羅死後：

> 香華轝輿，瘞於龍門山陽，伊水之左。門人修理靈龕，加飾重閣，因起精廬其側，掃灑供養焉。後因梁王所奏請，置伽藍，敕內注名為香山寺。危樓切漢，飛閣凌雲，石像七龕，浮圖八角，駕親遊幸，具題詩讚云爾。〔註4〕

香山寺頗受武則天的喜愛，她在香山寺的上方建有行宮「望春樓」，甚至經常到那裡上朝理政：

> 洛東龍門香山寺上方，則天時名望春宮，則天常御石樓坐朝，文武百執事，班於外而朝焉。〔註5〕

宋人計有功在《唐詩紀事》卷十一中，記載了一起「香山賦詩奪錦袍」的故事：

> 武后遊龍門，命群臣賦詩，先成者賜以錦袍，左史東方虬詩成，拜賜，坐未安，之問詩後成，文理兼美，左右莫不稱善，乃奪錦袍賜之。〔註6〕

查東方虬有《龍門應制·春雪》，宋之問有《龍門應制》的詩文留世，計有功所述應是可信的。有唐一代，香山寺備受文人名士的喜愛，武三思、沈佺

〔註4〕（唐）法藏：《華嚴經傳記》，《大正藏》第51冊，第154頁。
〔註5〕（唐）佚名：《大唐傳載》上海：上海鴻文書局，清光緒十五年（1889年）。
〔註6〕（宋）計有功：《唐詩紀事》，臺北：臺灣商務印書局，1986年。

期、孟浩然、劉長卿、李白、武元衡、韋應物、白居易等名士都有關於香山寺的詩文留世。其中尤以武元衡所著的《春題龍門香山寺》最為可人：

> 眾香天上梵仙宮，鍾磬寥寥半碧空。清景乍開松嶺月，亂流長
> 響石樓風。山河杳映春雲外，城闕參差茂樹中。欲盡出尋那可得，
> 三千世界本無窮。〔註7〕

詩文描繪了香山寺優美的自然環境，鐘聲、明月、清風、春雲、城闕交相輝映，讓人彷彿置身於彼岸的忉利天宮。作者想像自己徜徉在天宮中，到處流連忘返，但卻總是轉不完。詩文最後以禪意濃厚的感歎結尾：香山寺能勾起作者對天宮的嚮往，衝破有限自身的限制而進入無限之彼岸，成功地烘托出了宗教理想世界的超越。可以想見，沒有雄厚的詩詞功底，沒有對佛學的深切體驗，沒有靈感的突然閃現，是寫不出如此優美而又寓意深刻的好詩的。

玄奘法師的弟子圓測歸葬香山寺，則使其具有了唯識祖庭的美譽。玄奘大師是唯識宗的創始人，圓測是其最得意的弟子之一。圓測，亦名文雅，新羅國王孫，十五歲開始遊學長安，常住西明寺，弘傳唯識，其弟子將唯識學傳入新羅國，圓測被尊為祖師。史載他後來應招入東都洛陽講授新譯《華嚴經》，在佛授記寺圓寂，時為萬歲通天元年（696年）。「以其月廿五日，燔於龍門香山寺北谷，便立白塔。」〔註8〕後其弟子西明寺主慈善法師、大薦福寺勝莊法師從香山分得部分舍利，帶到長安，盛以寶函石槨，葬於終南山豐德寺東嶺。北宋政和五年（1115年），又從豐德寺分出部分舍利，遷至興教寺玄奘塔旁，與窺基塔並列，形成今日興教寺唯識三祖塔的格局。

武則天的侄子、高平郡王武重規，曾在龍門東山萬佛溝有造像活動，而香山寺上座惠澄，也對造像非常積極：

> （武）周之代，高平郡王圖像尊儀，軀有數十。厥功未成，掩
> 歸四大，自茲零露，雨灑塵沾。遂使佛日沉輝，人天福減。惟我香
> 山寺上座惠澄法師，傷之、歎之、慚之、愧之，爰徵巧匠，盡取其
> 材，飾雕翠石，煥然紫金……〔註9〕

大唐開元十六年（728年）二月二十六日，香山寺上座比丘惠澄

〔註7〕彭定求等編：《全唐詩》，北京：中華書局，1960年，第3562頁。
〔註8〕（清）王昶撰：《金石萃編》卷116，青浦王氏經訓堂刻本，清嘉慶10年（1805）。
〔註9〕張乃翥：《龍門區系石刻文萃》北京：國家圖書館出版社，2011年10月，第
　　　108頁。

檢校此龕莊嚴功德記。同檢校比丘張和尚法號義琬，刻字人常思。
〔註10〕

唐中宗李顯曾巡幸香山寺：「神龍元年冬十月癸亥，唐中宗李顯幸香山寺。」《舊唐書》卷七，本紀第七。長慶初年（821～824），新羅國使金柱弼偕沙門無染入唐後，曾赴香山寺向如滿法師問法。

唐名相裴度（765～839）早年也曾光臨香山寺，還留下了「裴度還帶」的著名故事：據傳裴度早年一直事業不順，就去向洛陽一著名相士那裏去看相。相士云看不出有富貴之相，認為他將來也許會餓死，裴度掃興而歸。一日出遊香山寺，撿到兩條玉帶一條犀帶，他連等兩天，等到一婦人，云其父遭人陷害，此三帶為救父親而籌，不幸於昨日丟掉。裴度將帶返還。他日又見相士，相士大驚：「此必有陰德及物，前途萬里，非某所知也。」〔註11〕

三、白居易與香山寺：他生當作此山僧

晚唐時期的香山寺因著名詩人白居易的垂愛進入了它的又一個輝煌期。唐文宗大和三年（829 年），白居易到洛陽任河南尹。特別鍾愛香山寺。認為「洛都四郊山水之勝，龍門首焉；龍門十寺，觀遊之勝，香山首焉。」曾有詩云「我年日已老，我身日已閒……。吾亦從此去，終老伊嵩間。」「愛風岩上攀松蓋，戀月潭邊坐石棱。且共雲泉結緣境，他生當作此山僧。」人生步入晚年的白居易，出資修繕了香山寺：

> 白居易《修香山寺記》曰：「予與元微之，定交於生死之間。微之將薨，以墓誌文見託，既而元氏之老，狀其臧獲、輿馬、綾帛，泊銀鞍、玉帶之物，價當六七十萬，為謝文之贄。予念平生分，贄不當納，往反再三，訖不得已，因施茲寺。凡此利益功德，應歸微之。」〔註12〕

大和五年（831 年）白居易的好友元積去世，白居易受託寫了墓誌，元家以重金酬謝，推脫不掉，於是將錢用來修繕香山寺。開成五年（840 年）九月，白居易抱病為香山寺新建了藏經堂，他常住於寺中，自稱「香山居士」。

〔註10〕張乃翥：《龍門區系石刻文萃》北京：國家圖書館出版社，2011 年 10 月，第151 頁。

〔註11〕（宋）李昉等編：《太平廣記》卷 117，臺北：臺灣商務印書局，1986 年。

〔註12〕（宋）洪邁：《容齋隨筆》卷 6，北京：燕山出版社，2008 年。

九老堂

　　晚年的白居易經受了「會昌法難」的打擊。會昌五年（845 年），唐武宗下令滅佛。洛陽只允許在左右街留寺二所，各留 30 僧。其餘寺廟均被拆毀。看到自己晚年的功德全部被毀，74 歲的白居易痛心疾首，但毫無辦法，只得回到履道里自己的家中，組織「尚齒會」以自娛。先是七老會，分別是胡杲、吉皎、鄭據、劉真、盧貞、張渾、白居易。後來 136 歲的李元爽、95 歲的僧如滿加入，組成了著名的「九老會」。號稱「香山九老」，並畫「香山九老圖」，並吟詩唱和。但一年後即病逝於履道里的家中。「遺命不歸下邽，可葬於香山如滿法師塔之側。家人從命而葬焉。」可見如滿在他之前也已經去世。

　　日僧元珍（815～891 年）於唐宣宗大中七年（853 年）入唐留學。於大中十年（856 年）正月十三日，與僧圓覺等「回至龍門西崗，尋金剛智阿闍梨墳塔，遂獲禮拜，兼抄塔銘。」便於伊川東旁，望見故太保白居易之墓，時正值白居易死後十年，「墳塋赫然，如滿禪師塔在側。」

　　白居易信仰佛教甚篤。曾有蓬萊山道士對訪客雲白居易曾在道觀居住。後傳到白居易那裏，他給與了否認：

　　　　樂天聞之為詩曰：「吾學真空不學仙，恐君此語是虛傳，海山不是吾歸處，歸即須歸兜率天。」樂天嘗立願曰：「吾勸一百四十八人同為一志，結上生會行念慈氏名，坐想慈氏容，願當來世必生兜率。」晚歲風痹，命工畫西方淨土一部，晝夜供養，為之贊曰：「極樂世界

清淨土，無諸惡道及眾苦，願如我身老病者，同生無量壽佛所。」
一夕念佛。倏然而化。〔註13〕

白居易早年心向彌勒菩薩的兜率天宮，晚年則改為阿彌陀佛的西方淨土，但信佛之念從未改變。

白居易之後，香山寺又有所恢復。陶穀（903～970 年）在《龍門重修白樂天影堂記》中說，到了後周廣順三年（953 年），白居易的祠堂已經成為「荒祠」。五代周世宗顯德二年（955 年），香山寺又經歷了周世宗滅佛，當時的政策是凡有帝王敕賜匾額的寺廟可以不拆。香山寺由於有武則天御賜的匾額，不再拆毀之列。又逐漸開始恢復。

四、宋以後的香山寺：名人輻輳的勝地

北宋時期，洛陽為全國文化中心，人文薈萃，香山寺又經歷了一次繁盛，文彥博、司馬光、歐陽修、黃庭堅、張耒、蔡襄、梅堯臣、范純仁、李欣等名士都有在香山寺遊玩的詩文留世。二十世紀七十年代，在香山寺考古挖掘，出土了一些宋代的銅幣，說明宋代的香山寺香火仍很興盛。龍門東山擂鼓臺南洞北崖，有阿彌陀造像一龕。龕下造像記云，此龕為河中常景所立，目的是為自己無比鍾愛的兒子清孫往生做功德。清孫品行俱佳，無奈於元豐元年（1078 年）因病夭亡於洛陽，年僅二十二歲。因清孫在世時最喜愛香山，故「罄像於佛室之前，鐫其容於旁以追薦之，冀其往生復尋茲境。」〔註14〕這說明宋代，香山寺周邊地區仍是洛陽最著名的旅遊勝地。

金朝時，香山寺久經戰亂，已經成了沒有僧人的荒寺。詩人元好問訪問香山寺，寫了《登香山寺石樓》一詩，為我們留下了寺廟已經荒廢的景象：「石樓繞清伊，塵土無所限。人言無僧久，草滿不復刈。」元明兩代我們已經找不到任何關於香山寺的消息，可能已經被毀壞殆盡。

清代康熙四十六年（1707 年），香山寺又一次恢復，但現今的香山寺已經不是原來的舊址，「舊址猶在今寺東南嶺上」，即今洛陽軸承廠療養院以及其北側的山坡。筆者上個月去參觀曾經繁華錦繡，為洛陽一景的香山寺故地，發現除了療養院所佔部分外，盡成層層的梯田，黍離之悲盡在心間。

〔註13〕（宋）志磐：《佛祖統記》卷42，《大正藏》第49 冊，1983 年，第386 頁。
〔註14〕張乃翥：《龍門區系石刻文萃》，北京：國家圖書館出版社，2011 年10 月，第
　　　　400 頁。

龍門香山寺

　　康熙四十六年，學政湯右曾、知縣吳徽蠲等倡建，陝州訓導孟桓思、貢生張所在唐乾元寺的基礎上建立的。當時的格局是：「正殿三楹，殿後為唐白文公祠，祠後觀音堂。」〔註15〕並請「履瑩禪師」為開山祖師，履瑩禪師的壽塔今還在寺內小亭南側，高 0.47 米，上書「大清香山寺開山和尚上履下瑩公禪師衣鉢壽塔」。今琵琶峰上的白居易墓，是康熙四十八年（1709 年），在舊冢的基礎上修復的，立碑為「唐少傅白公墓」。

　　乾隆十五年（1750 年），乾隆皇帝遊歷香山寺，留下了「龍門凡十寺，第一數香山，自古才華地，當秋罕躋間」的優美詩句。

〔註15〕（清）施誠：《河南府志》卷 75，洛陽圖書館藏，第 10 頁。

　　民國 21 年（1932 年），日軍發動九一八事變，北平局勢嚴峻，國民政府遂在洛陽建立行營。民國 25 年，蔣介石要來洛陽主持軍政事物，時間臨近蔣介石 50 歲壽辰，當時洛陽地方政府在香山寺內南側修建了二層小樓，作為接待蔣氏夫婦的住所，後稱「蔣宋樓」。1936 年 10 月 29 日，蔣介石從西安坐火車來到洛陽，入住香山寺，對外宣稱來洛陽「避壽」，實際上是聯絡各路軍閥進行「西北剿共」事宜。他不但在蔣宋樓內慶祝了自己的五十歲壽辰，還接見了張學良、閻錫山等軍事將領，並曾去安撫濟南的韓復渠和綏遠的傅作義。蔣氏夫婦在洛陽居住 36 天，大部分時間都住在香山寺。

　　1968 年 3 月，解放軍代總參謀長楊成武將軍受到林彪集團的迫害，被囚禁在香山寺蔣宋樓，直到 1971 年 1 月才離開。蔣介石夫婦在香山寺與各路軍閥的秘密活動，楊成武將軍在香山寺的囚禁，都使香山寺增添了許多神秘色彩。

第二十一章　玄奘法師受佛學啟蒙的寺廟——偃師玄奘寺（唐僧寺）

　　玄奘法師，姓陳名褘，俗稱唐僧，洛州緱氏（洛陽偃師）人，是我國佛教界久負盛名的五大譯師之一，世界著名的佛學大師、探險家、旅行家。玄奘法師出生於公元 600 年，幼年的玄奘法師，就在偃師緱氏度過。緱氏有一個古靈巖寺，相傳始建於北魏，今天名為唐僧寺。玄奘法師兒時酷愛學習，據說不是高雅的經典不去閱讀，不是聖哲風範不去習從，不與庸常稚童交朋友，不到百戲喧囂的街巷去玩耍，所以經常到靈巖寺聽法。

一、玄奘法師西行取經的原因

　　玄奘法師五歲時母親去世、十歲時父親去世，還是個孩子時就成了孤兒，失去了依靠，於是他早年出家的二哥長捷法師就帶他到洛陽淨土寺學佛。

　　當時隋煬帝召集天下高僧到洛陽，建立了四大道場，一時間洛陽高僧雲集，佛法興盛，玄奘孜孜不倦地到各個道場聽課，認真鑽研，加之本身就聰明異常，在聽嚴法師講《攝大乘論》後，精進很多，從此便與法相唯識學結下了不解之緣。隋末天下大亂，玄奘便勸其兄長捷法師去西安求學，然而到了西安卻發現唐朝正忙於打天下，都城內一片混亂，於是又向其兄建議：「此無法事，不可虛度，願遊蜀受業焉」。可見玄奘法師很早就認識到了光陰飛度，人在世時間短暫，不願虛度光陰。

唐僧寺山門

　　於是玄奘兄弟離開長安南下，經子午谷進入漢川，就是現在的漢中市，在那裏遇到了空、景二位法師，於是就在漢中跟隨兩位大師學習《攝大乘論》，一個月後再次向成都進發。

　　到了成都之後，兄弟二人廣學經論，先從寶暹法師學《攝大乘論》，又從道基法師學《阿毗曇心論》，從道振法師學《迦延》，二三年間，窮通諸部，玄奘大師無論學那部經論，都務必窮根究底、條疏枝幹，道基法師常感歎說，我年輕時就到處講課參學，從來沒有見過這麼聰明好學的人才。這種窮根究底的求學態度，是玄奘大師成功的關鍵素質。

　　玄奘大師在成都受了具足戒，覺得成都的大德都已參學完畢，便順江而下，到全國各地參學，計有荊州、揚州、江南、趙州、相州、最後來到長安，後聽說印度有高僧曰戒賢，為講《瑜伽師地論》的高手，雖決定冒死西行求法。正如魯迅先生所說，這種舍生求法的獻身精神，正是民族的脊樑，也是玄奘大師成就偉大事業的關鍵素質。

　　玄奘為什麼要去西天取經？應該說，跟南北朝時期佛教在中國的傳播有關，北魏自孝文帝遷都洛陽後，歷任皇帝都篤信佛教，他們不僅出資在洛陽城南的龍門雕刻了大批佛像，而且供養了一大批高僧從事佛經的翻譯和研究，洛陽一時成為北方的佛教研究中心，形成了以菩提流支、勒拿摩提為首的北方佛經翻譯集團，他們對印度瑜伽行派大師世親撰寫的《十地經論》有了較多的介紹。以此派學者為中心後來形成了北方的地論學派。另一方面，在南陳王朝，

真諦法師以廣州為陣地形成了南方佛經翻譯集團，翻譯出以《攝大乘論》為主的大批瑜伽行派著作，以此派學者為中心形成了攝論學派。

這兩派僧人在世界的本原是「一心」方面有共識，但對於這個「一心」究竟是阿賴耶識還是如來藏清淨心、阿賴耶識是染還是淨、在阿賴耶識之上是不是還有個第九識──庵摩羅識等等重大理論問題上出現了較大的爭議；同時，從印度傳來的經論如《瑜伽師地論》等常有不全，這使得對佛教義理窮根求源的玄奘法師很苦惱，他在出國前已經到全國南北各處參學，可以說已經將當時的大德的知識都學了，但還是不能解決上述問題，而佛教分裂為南北二道，紛紜爭論達數百年，恰好聽來華的印度僧人說在印度的那爛陀寺有高僧戒賢，解《瑜伽師地論》當世獨步，於是就誓死西行。

二、西行求法

玄奘法師在莫賀延磧大沙漠遇到了第一個生命危險。由於沒有找到野馬河，玄奘不得不到沙溝裏取水，結果不慎將袋弄翻，所帶的水盡沒。如果這時返回還來得及，但玄奘大師發下誓願：寧願前進一步死，不願後退半步生。他一路念著《心經》，求觀世音菩薩保佑，一邊艱難前行。這樣走了五日四夜，滴水未進，粒米未食，終於人困馬乏，倒臥沙海，昏迷不省，到了第五日夜，玄奘為寒風吹醒，又勉強前行二十多里地，再次昏倒，醒後掙扎再起，隨馬而走，終於在將要倒斃的前夕找到了一塊有水的草地，於是在那裏休息了一天，恢復了體力，又走了兩天，走出了沙漠。

玄奘來到今喀布爾附近，這裡當時叫做迦畢試國，盛行小乘說出世部，玄奘到來後，受到了國王和僧人們的熱情歡迎，甚至還發生了各所寺院「爭奪」玄奘的盛況，正在大家你一言我一語相持不下時，一位僧人突然大聲喊道：「我寺本漢天子兒所作，今從彼來，先宜過我寺！」意思是說，我們這所寺廟原本就是漢朝皇帝的兒子所修建，現在法師從漢地來，理應先住在我們這裡！迦畢試國地處中亞和印度交界處，離中原萬里之遙，居然會有一位漢人天子的兒子在這裡修建寺廟！這個王子為何會來到迦畢試國，又為何要建造這座廟，當中又發生了怎樣的故事？簡簡單單的一句話，頓時勾起了玄奘強烈的好奇心。原來，那個喊話僧人所在的寺廟名叫質子伽藍，質子，顧名思義，就是人質，伽藍，就是廟，即一座用來居住人質的廟。在當地語言中，這座廟還有另外一個名字，叫沙落迦，翻譯成漢語正是洛陽，所以這座廟又叫洛陽寺。洛陽是玄奘

從小生活、學習、成長的地方，是他的故鄉，能夠在萬里之外的異國他鄉看到一座以故鄉城市命名的寺廟，玄奘心中自然是激動萬分，當即決定在洛陽寺落腳。既然叫質子伽藍，可見修建這座寺廟的王子當初是被當作人質送到此地。雖然這位王子的身份已經很難考證，可是是五胡亂華時期甘肅河西走廊上某個涼國地方政權的王子。

唐僧寺玄奘法師像

據說漢人質子在洛陽寺附近的石壁下埋藏有大量財寶，石壁上刻有銘文、繪有壁畫，如果有人前來盜取珠寶，牆上的銘文和壁畫上的藥叉就會發出各種聲音，變出各種恐怖的形象來嚇阻他們。從前有個貴族在得知這個消息後，幾次三番帶兵前來，想要從神像腳下挖掘寶藏，但是每次開挖，附近就會地動山搖，神像頭上的那隻鸚鵡像還會張開翅膀發出非常淒厲恐怖的叫聲，將他們趕走。現在，洛陽寺裏的僧人見玄奘是從質子故國而來，覺得這是上天賜予洛陽

寺的機緣，認為只有玄奘才能幫助他們打開寶藏重修寺廟，所以才把這個故事原原本本的告訴了玄奘。玄奘聽了之後，認為幫助洛陽寺的僧人們取寶是為了修繕寺廟，也是功德，可以為自己的西行求法之路積德行善，更是大乘佛教「普渡眾生」的核心教義所在，自然責無旁貸。於是，玄奘就帶領僧人們到質子畫像前去禱告，玄奘的話似乎感動了質子，在玄奘帶領僧人們在神像腳下開挖的時候，四周風平浪靜，頂上那隻鸚鵡也不叫了，沒有出現任何異常狀況。挖到地底下七八尺的時候，眾人發現了一個大銅器，抬出來一看，裏面裝有數百斤黃金和數十顆明珠。此時，眾人無不對玄奘佩服的五體投地，玄奘就用這筆錢將洛陽寺翻修一新。這件事驚動了國王，國王將玄奘接入宮中供養多日，並由聖使和聖軍法師引領玄奘到各處觀光巡禮十幾天。當時在今喀布爾附近還有幾個小國，大乘和小乘都在流行，高僧不少，但都是或通小乘、或通大乘，只有玄奘一人大小乘都通曉，深為眾人所欽佩。

三、恒河遇險

玄奘進入了今印度的西北部地區，在那裏向調伏光學習了一年多，再向東進入秫兔羅國，這裡再往東走就是印度傳統上政治、經濟、文化最發達的地區，著名的恒河平原，然而，正是在這塊文章錦繡之地，玄奘卻遇到了有生以來印象最深刻的生命威脅：在恒河上遭遇到了強盜。強盜們是一夥印度教性力派信徒，信奉濕婆的妻子突伽女神。每到秋天，這夥突伽女神的信徒們就要根據教義尋找一個身體強健、樣貌莊嚴的人來獻祭，就是把他殺了，用其血肉祭祀神靈，祈求天神的保佑和賜福。現在他們發現玄奘氣度不凡，而且身材健壯，認為他是絕佳的人選。玄奘法師告訴強盜，我本是取經之人，你們要把我的命獻給突伽女神，但我要求有一炷香的時間，自行了斷，強盜們同意了。玄奘法師就禮拜四方佛後，入深深的禪定，一心觀想彌勒菩薩和兜率天宮。頃刻間，恒河邊沙塵暴起，被刮斷的樹枝卷向半空，平靜的河面頓時湧起滔天大浪，將水匪和玄奘一行所乘坐的船隻全部打翻，水面上和岸邊一片混亂。突如其來的變故讓所有人都驚駭不已，這夥強盜非常害怕，於是有人告訴強盜首領說，這就是那個從東土大唐前來印度求法的玄奘法師啊，各位如果殺了他，就會犯下不可饒恕的滔天大罪，從這場風暴的樣子來看，你們的天神已經發怒，你們還是立刻停止殺戮懺悔為好。強盜們馬上就慌了，向玄奘不斷懺悔。玄奘法師於是出定，向信徒們講述一些最基本的佛學道理，指出用搶劫和殺人來祭祀神靈是

要遭到報應的，何必用短暫的今生種下來世無邊的苦楚呢？還奉勸他們應該珍惜生命，不要再種惡果。誠惶誠恐的強盜們為玄奘的學識和氣度所折服，一邊磕頭懺悔，一邊把兇器都丟進河裏，還把從玄奘一行那裏搶來的東西悉數歸還。做完這些後，這些突伽信徒覺得還不足以贖罪，又請求玄奘為他們授戒，集體成了佛教居士。

恒河遇險，可以說是玄奘在西行途中，甚至是他一生中所遭遇到的最危險的一次劫難，他的生命險些就留在了前往那爛陀寺的路上。然而憑藉過人的心理素質和寬容博大的胸襟，玄奘不但死裏逃生，還成功的讓一批窮凶極惡的「異教徒」改變信仰，成為虔誠的佛教居士，不能不說是一次奇蹟。不過這次死裏逃生和度化異教徒的經歷讓玄奘的在印度愈加知名，玄奘還沒有到達目的地，就已經在印度成了名人。

一次劫難沒有讓玄奘喪失前進的信心和勇氣，死裏逃生的經歷讓他覺得佛祖和菩薩一定在冥冥之中保佑自己，有了神明的護佑，哪怕前路再危險，再困難，也沒有什麼可怕的。就這樣，玄奘和他的同伴們收拾行囊，在改邪歸正的「居士們」的幫助下找到了一條大船，繼續沿恒河順流而下。玄奘一路走一路學習，拜訪名師，學習經綸，終於在從長安出發四年後到達了最終的目的地——戒賢法師所在的那爛陀寺，就是《西遊記》裏的大雷音寺。

四、在印度的作為

玄奘大師遊遍印度，學滿而成，回到那爛陀寺，發現那爛陀寺內中觀與瑜伽兩派正相互詰難，中觀派高僧師子光贏得了很多學眾，戒賢法師於是命令玄奘代表瑜伽行派出戰，玄奘做《會宗論》三千頌，強調瑜伽不違中觀，聽眾無不稱讚，這樣就平息了兩派的紛爭。這時玄奘學問成就後的第一次展示，大獲全勝。

玄奘去印度期間，也是瑜伽行派被小乘正量部挑戰的最利害的時候，其論師般若掬多做《破大乘論》七百頌，攻擊大乘佛教為「空花外道」，那爛陀寺僧人曾經長達十二年不敢出門應戰，玄奘於是自告奮勇願意代表那爛陀寺應戰，但寺方還不相信他的水平，於是玄奘作了《制惡見論》一千六百頌，反駁小乘，影響很大，驚動了戒日王，他特意為玄奘召集了一次「無遮大會」——非常盛大的法會，邀請各地的內外學者參加，請大家公開討論批評，結果，挑戰的人都被玄奘擊敗，最後無人敢應戰，這就把小乘的勢力給壓了下去。於是

玄奘法師在聲震五印度，被大乘行者稱為「大乘天」，小乘行者稱為「解脫天」，為我國贏得了聲譽。

唐僧寺明代古碑

公元 641 年秋，玄奘告別戒日王，啟程回國。他的西遊歷經十七年，行程十萬里，經歷 110 個國家。不僅帶回了大量的佛經、聖物，而且流下了關於中亞諸國在當時的珍貴史料。

他從印度帶回了 657 部梵文經典。645 年回國後，受到了當時唐朝中央政府的熱烈歡迎，並為他舉行了隆重的歡迎儀式，並被安排在慈恩寺內任住持，在此，玄奘翻譯佛經十一年，在此創立了佛教的一大宗派——唯識宗，據說，當玄奘將翻譯好的 100 卷《瑜伽師地論》交給太宗時，李世民感慨地對臣下說：「我看佛經如瞻天觀海，莫測高深。儒、道、九流比起佛經來，就像小水池去比大海一樣。人們都說儒道佛三家齊峙，這是妄談啊。」玄奘法師還應唐太宗的囑託，將十七年旅行中經歷的 110 個城邑和傳聞中的 28 個地區和國家

的歷史、風土人情、物產氣候、宗教信仰等等，整理成了《大唐西域記》12 卷。
這是一部關於中亞、南亞各國古代自然地理、政治經濟、社會文化的重要典籍，
先後被翻譯成英、法、日、德、俄等多國文字。可以說，玄奘也被譽為我國歷
史上著名的佛學家、旅行家和翻譯家。

　　玄奘不僅將印度的大量佛經帶回了中國，而且也為印度帶去了中國的文
化，早在印度時，他就應那爛陀寺僧人的請求，將在印度失傳的《大乘起信論》
回翻成梵文；他回國後，還應太宗李世民的請求，將我國的哲學名著《道德經》
翻成梵文，傳回印度，為中印文化交流做出了巨大貢獻，二〇〇六年香港鳳凰
衛視舉辦「重走玄奘之路」活動，就傚仿玄奘當時的做法，將我國著名的禪宗
名著《壇經》傳回印度。

　　玄奘可以說是我國最負盛名的僧人了，在印度，玄奘是家喻戶曉的人物，
沒有玄奘的記錄，印度的歷史將有很多空白，在前幾年的問卷調查中，玄奘被
選為最有名的中國人，位在周總理之上；法國是一戰後的戰勝國，其總理克里
孟梭，外號老虎，連美國總統都不放在眼裏，卻對玄奘大師非常尊敬，他曾說
過，放眼世界，只有玄奘一人值得我脫帽致敬。

五、玄奘故里

　　玄奘法師的故里在偃師緱氏附近，這一點本無爭議。道宣在《續高僧傳》
裏提到，玄奘故里在「少室山西北，緱氏故縣東北，遊仙鄉控鶴裏鳳凰谷，是
法師之生地也。」玄奘的弟子慧立、彥悰的《大唐大慈恩寺三藏法師傳》認為
玄奘故里在「（少林寺）西北嶺下，緱氏縣之東南鳳凰谷陳村，亦名陳堡谷。」
但近些年來，鞏義魯莊鎮也開始有人主張玄奘故里位於鞏義魯莊。其主張的理
由，與一些學者的主張有關。臺灣馮雙海的《玄奘法師誕生及發祥地考證考察》
〔註 1〕、大陸肖冰的《玄奘故里訂正》〔註 2〕、溫玉成發表《玄奘生平中幾個
問題考訂》〔註 3〕、杜金鵬《滑國故城與玄奘故里》〔註 4〕均認定今偃師府店
鎮滑城河村滑國故城就是道宣所說的「緱氏故縣」，因而玄奘故里就位於「偃
師府店鄉與鞏義市魯莊鄉鄰接地區。」

〔註 1〕馮雙海：《玄奘法師誕生及發祥地考證考察》〔J〕，《妙林》雜誌，1992 年。
〔註 2〕肖冰：《玄奘故里訂正》，《中國文物報》〔N〕，1993 年 3 月 21 日。
〔註 3〕溫玉成：《玄奘生平中幾個問題考訂》，《玄奘研究》〔C〕，陝西師範大學出版
　　　　社，1999 年。
〔註 4〕杜金鵬：《滑國故城與玄奘故里》，752 頁。

　　《水經注・洛水》記載，西漢時期的緱氏縣治在春秋時期的滑國費城。考古調查發現，在滑城河村的南面殘存一小段城牆實體，考古鑽探也發現，在其東南角、西北角均有城牆牆體遺跡，整個城址平面呈倒梯形，這就是滑國費城的遺址。據新、舊唐書的地理志可知：緱氏縣在貞觀十八年（644 年）被廢，上元二年（675 年）七月復置，並遷址到今緱氏鎮，以便於管理武則天長子李弘之陵的「恭陵」。溫玉成先生曾考證玄奘故里在滑城河村。他認為，道宣所講的「緱氏故縣」（自西漢置至 644 年）在今滑城河村（自西漢至 644 年為縣治），而慧立、彥悰寫《大唐大慈恩寺三藏法師傳》時，緱氏縣縣治已經搬到新址已經 13 年了，所以他們講玄奘故里位於「緱氏縣」（675～1072 年）即今緱氏鎮東南。溫先生於是認為，陳河村位於「緱氏故縣」（今滑城河村）西北，與道宣記載位於縣治東北不符，故不可能是玄奘故里。

　　其實溫先生的這個質疑並不能成立。歷史上，緱氏縣的縣治變化多次，遷移過不少地方，道宣所講的緱氏故縣，應當是玄奘幼年成長時期的緱氏縣，西漢時的緱氏縣縣治位於滑城河，隋代的縣治就也一定位於滑城河嗎？

A 為引禮寨，B 為滑國故城，C 為唐僧寺

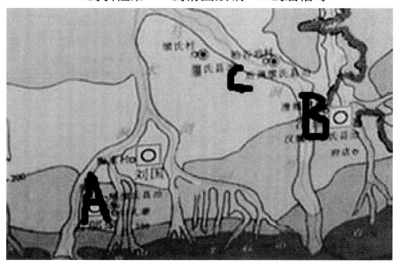

　　查縣志可知，緱氏縣最早是秦朝設立的，縣治就在滑城河村，歸屬三川郡。新莽元年（9 年），改緱氏縣為中亭縣。北魏孝文帝太和十七年（493 年），廢除緱氏縣併入洛陽。東魏孝靜帝天平元年（534 年）復置緱氏縣，縣治設在洛陽城中，歸屬洛陽郡。後因東西魏在洛陽地區不斷交兵，縣治轉移到顧縣。後周建德六年（577 年），緱氏縣縣治轉移到「鉤鎖故壘」，即今緱氏鎮柏谷塢。

隋代開皇四年（584年），緱氏縣治再次遷移到洛陽城。開皇十六年（596年），廢緱氏縣，置偃師縣。隋大業初年（605年）再次設立緱氏縣，縣治搬回柏谷塢。

大業十年（614年），縣治遷徙到公路澗西，公路澗西究竟位於今偃師何處？因對本文至關重要，須進行一番辨析。杜金鵬認為是在滑城河，高獻中，王西明認為即今引禮寨村。〔註5〕筆者查閱乾隆版《偃師縣志》講：「合水出縣西山右，合雙泉、單泉，北流劉水，西北注之，又北入於伊，一曰公路澗，一曰光祿澗。」〔註6〕這裡提到劉水，偃師南引禮寨緊鄰雙泉村和西泉村，可能就是《縣志》所說的雙泉、單泉。引禮寨附近還有夏代的劉累城，因是夏代孔甲時代劉累養龍的地方，建有劉累城。乾隆縣志提到：「《括地志》云：劉累故城在洛州緱氏縣西南五十里，乃劉累封之故地也。」〔註7〕縣志的作者孫星衍講，故城附近還有夏后廟，故劉水可能得名於劉累城，也在附近，可見高獻中和王西明的說法是基本正確的。唐貞觀十八年（644年），廢緱氏縣。直到唐高宗上元二年（675年），為了管理和保護唐恭陵，才再次設立緱氏縣，縣治遷到現在的緱氏鎮附近。

如上所述，「緱氏故縣」至少有秦漢時期的滑城河、東魏時期的顧縣、後周與隋初的緱氏鎮、隋代中期的引禮寨。那麼，道宣講的玄奘的老家位於「緱氏故縣」東北，這個「緱氏故縣」到底指的是哪個「緱氏故縣」？顯而易見，不會是秦漢時期的「滑國故城」，哪個時代太早了，北魏就已經廢棄了，方位也不對。仔細比較，很明顯發現，符合道宣所講，玄奘故里位於「緱氏故城東北」的，只有是隋代於大業十年（614年）設立在引禮寨的緱氏縣縣治。故而溫玉成先生質疑陳河村的基本理由是不成立的，搞錯了道宣所講的「緱氏故縣」的具體位置。

溫先生認為玄奘故里應在滑城河村的第二個理由，是《大唐大慈恩寺三藏法師傳》云：玄奘少年時，「雖鐘鼓嘈雜於通衢，百戲叫唱於閭巷，士女雲萃，亦未嘗出也。」由此認為，陳河村只是偏僻的小村，不可能有「通衢」和「閭

〔註5〕高獻中，王西明：《偃師聚落記（下）》〔M〕，北京：中國文化出版社，2011年5月，第一版，第329頁。

〔註6〕（清）湯毓倬，孫星衍修：乾隆版《偃師縣志》〔M〕卷三，乾隆五十四年（1789年）版，第15頁。

〔註7〕（清）湯毓倬，孫星衍修：乾隆版《偃師縣志》〔M〕卷一，乾隆五十四年（1789年）版，第12～13頁。

巷」，更不可能有「百戲」的熱鬧情景，只有位於緱氏故縣治旁的滑城河村，才有可能具備此等熱鬧。事實上，如前所述，滑城河附近的緱氏故縣，早在北魏時期就被廢棄了，到玄奘成長的隋代，早就廢棄一二百年了，其附近的狀況，並不一定會很熱鬧，況且《三藏法師傳》裏講的，也並不一定是指的是在家鄉讀書的情況，所以溫先生的第二點證據也不能成立。

府店招提寺王行滿書《大唐聖教序碑》

現藏偃師商城博物館

溫玉成先生支持滑城河村的第三個理由是，陳河村的陳姓是從滑城河村分出的：「滑城河村今有 500 多口人，其中十之四五皆為陳姓。陳河村的陳姓，大約是明末清初時由滑城河村遷移過去的。乾隆五十八年（1793 年），滑城河

村陳景鑾中舉人，陳河村曾舉村至滑城河村樹立旗桿以示祝賀。民國二十年至三十年期間，陳河村人多次來滑城河村續家譜。」〔註8〕這個考證就算正確，也不能作為否定陳河村的依據。因為中原地區多戰亂，人口遷徙頻繁，今偃師地方大多數人都是明初從山西洪洞縣遷徙過來的，距離玄奘時代已經七百年，我們不能據明末清初陳河村的陳姓從滑城河遷來，就推斷唐初時期這裡就沒有陳村。

溫先生提出的第四個理由，是認為滑城河附近有招提寺，而招提寺遺址出土有《大唐二帝聖教序碑》，此碑於顯慶二年（657年）十二月十五日立，高宗時期名家王行滿書丹，當時玄奘在洛陽翻譯佛經，溫先生推測此碑應為朝廷光耀玄奘法師家鄉之舉。這個推測是否合理，還值得再研究，因為玄奘的弟子們對玄奘所受朝廷的恩寵記載頗為詳細，甚至玄奘與太宗、高宗來往的書信內容都記錄在冊，像朝廷賜予剃刀之類的小事都記錄在案，很難想像朝廷榮耀其家鄉，請王行滿這樣的書法大家書寫《二帝聖教序》這樣的大事，慧立和彥悰會略去不寫。所以筆者認為，此碑有可能是朝廷在全國各州推廣流行《二帝聖教序》的結果。史載玄奘曾就給太宗上了《請經論流行表》：

> 然而幽居陋俗，未聞梵響之聲；邊荒遠鄙，詎睹天文之麗。其見譯訖經論，請冠御製《三藏聖教序》及皇太子《述聖記》，宣布遠近，咸使聞知。大郡名州、各施一本。是則道不虛行，法無留滯。慧雲布於遐邇，法雨澍於中外。皇靈享法施之福，永永無窮；黎元皇法財之用，生生無遺。不任誠懇之至，謹奉表陳請以聞。伏願天慈賜垂矜允。〔註9〕

玄奘講，皇上雖然寫了序言，可是，非常偏僻的地方，仍然看不到陛下的序文。玄奘啟請將陛下御製的《三藏聖教序》以及皇太子的《述聖記》，在各地宣布，讓遠近都能知道。大郡及各個州，都能分發一本。王行滿書《二帝聖教序》碑在招提寺的出現，提示我們唐廷極有可能批准了玄奘的請求。但朝廷分發給各州的只是書本，並非碑刻，因此招提寺的《二帝聖教序》碑，可能是本寺僧人自行請王行滿書丹的，並非朝廷之舉。

〔註8〕溫玉成：《玄奘生平中幾個問題考訂》，《玄奘研究》〔C〕，陝西師範大學出版社，1999年。
〔註9〕陳景富主編：《大慈恩寺寺志》〔M〕，西安：三秦出版社，2000年11月，第170頁。

　　明弘治版《偃師縣志》記載，招提寺建於唐代〔註10〕，但沒有說明是唐代哪個時期，筆者推測可能是地方所建，因為如果招提寺是朝廷為榮耀玄奘故里而敕建，則慧立和彥悰不會不寫。筆者認為，當時好多寺廟都有《大唐二帝聖教序碑》。如長安地區除了慈恩寺外，千福寺也有《聖教序》碑：「（千福）寺額上官昭容書。……中三門外東行南，太宗皇帝撰《聖教序》，弘福寺沙門懷仁集王右軍書。」〔註11〕在當時李唐皇室抬高道教的政策下，佛寺藉此抬高佛教的聲勢，因此即使招提寺有《大唐二帝聖教序碑》，也不能證明這裡就是玄奘故里。但如果能證明招提寺是為玄奘而建，則就可證明府北村就是玄奘故里，可惜目前無法證明這一點，只是推測是這樣，還是無法證實。府北村距離滑城河村直線距離一里，如果玄奘故里在滑城河，而招提寺為玄奘而建，則為何將寺廟不建在滑城河村，而建在府北村的位置呢？

　　下面我們再分析唐僧寺村。唐僧寺村距離周靈王時代王子晉（也稱王子喬）升仙的地點緱山約五里，屬於道宣所講的「遊仙鄉控鶴裏」的地理範圍，乾隆版《偃師縣志》講：「劉向《列仙傳》：王子喬見桓良曰：告我家七月七日，待我於緱氏山巔。至時，果乘白鶴駐山頭，望之不得（近），舉手謝時人，數日而去。《水經注》云：緱氏開山，圖謂之緱氏山也，亦云仙者升焉，言王子喬控鶴斯阜，靈王望而不可得近，舉手謝而去，其家得遺屨，俗亦謂之撫父堆，堆上有子晉祠。」〔註12〕據此，則「遊仙鄉控鶴裏」的地名裏，「遊仙」指的是周靈王太子王子喬，「控鶴裏」是指他在緱山上控鶴飛昇的故事。唐僧寺村位於引禮寨的「緱氏故縣」東北，與道宣的記載相符，它也位於今緱氏鎮的緱氏縣治東南，與《大唐大慈恩寺三藏法師傳》的記載相符。最為重要的依據是，至少從明代萬曆年間始，「唐僧」的故事就在今唐僧寺附近流傳，當地人就認為這個寺廟就是玄奘故里的寺廟。

　　明代緱氏附近流傳著玄奘為父報仇的故事。明代弘治版《偃師縣志》記載：「馬跑泉在縣東南仙君保，昔唐三藏為僧時，往洪州尋母，報父仇，歸至中州，所乘馬刨地得水，故名。」唐僧去洪州尋母和報仇之事，所指即《西遊記》中其父親陳光蕊到洪州為官，途中被強盜殺死，母為強盜霸佔。玄奘長大後，去

〔註10〕　（明）魏津修：弘治《偃師縣志》〔M〕卷一，明弘治十七年（1504年），第25頁。

〔註11〕　張彥遠：《歷代名畫記》，轉引自沈睿文《安祿山服散考》，第344頁。

〔註12〕　（清）湯毓倬修：乾隆版《偃師縣志》〔M〕卷三，乾隆五十四年（1789年）版，第4頁。

洪州尋母，並報告官府，為父報仇的故事。這完全是元雜劇《西遊記》的情節演繹的結果。弘治年間，《西遊記》的作者吳承恩尚未誕生，但關於唐僧西天取經的唱本已經在民間流傳。元代「江流兒」故事，明初就與玄奘的身世聯繫了起來，玄奘的父親也就由歷史中的陳惠變成了文學作品中的陳光蕊。可見縣志的此段所述，雖非歷史事實。但也反映出，隨著唐僧西遊故事的流傳，玄奘故里的群眾已經開始重視玄奘文化，並產生了馬跑泉的傳說。唐僧寺玄奘殿前有一塊明萬曆三十九年（1612）立的「重修伽藍殿碑記」，其中提到「（供奉）唐僧之神」，說明至少在明末，人們就認為唐僧寺（時稱靈巖寺）與玄奘有關，寺廟就供奉有唐僧玄奘的塑像。

六、唐僧寺的沿革

偃師唐僧寺位於玄奘故里緱氏鎮唐僧寺村，原名靈巖寺。傳說始建於北魏，《偃師縣志》記載，隋朝大業年間，幼年的玄奘常來靈巖寺聽經和觀法，結下佛緣；玄奘西行前，還曾住持過該寺，並留有門人弟子。明弘治版《偃師縣志》記載：「原初奘將往西域，於靈巖寺見松一株，奘立於庭，以手摩其枝曰：吾西去求佛教，汝可西長；若吾歸，即向東回，使吾弟子知之。及去，其枝年年西指，約長數丈。一年忽東回，門人弟子曰：教主歸矣，乃西迎之，奘果還。至今，眾謂此松為摩頭松。」明代弘治年間編的縣志中稱寺廟為靈巖寺，說明至少到明朝中期，唐僧寺寺仍被稱為靈巖寺。

北宋的《太平寰宇記》記載：「緱氏縣柏谷塢西有二寺，亦在原上。」這裡的「柏谷塢」，就是現在緱氏的柏谷塢村，文中所說的「原」，指的就是偃師緱氏的白鹿原，相傳因周靈王太子晉（字子喬）喜歡打獵，又一次到偃師打獵，射到一頭白鹿的後腿，白鹿跑到緱氏就不見了，太子晉在此卻認識了仙人浮丘公。後來太子晉就在此建立白鹿苑，畫白鹿供奉，本地因此被稱為白鹿原。現在唐僧寺出土兩塊北宋的「佛經尊勝陀羅尼經幢」，一塊是宋太祖乾德四年（966）的，一塊是宋太宗太平興國九年（984）的，說明北宋時期的靈巖寺相當興盛。雖然《太平寰宇記》並未講柏谷塢西白鹿原上二寺的名字，但我們認為，其中一寺，應該就是古靈巖寺。

元代時期，古靈巖寺仍然非常興盛。現在唐僧寺玄奘殿前立有一陀羅尼經幢，有一人多高，保存完好，為大元仁宗皇慶二年（1313）所立，說明當時寺院仍然受到信眾重視。

唐僧寺玄奘墓

　　唐僧寺玄奘殿前有一塊明萬曆三十九年（1612）立的「重修伽藍殿碑記」，其中提到「（供奉）唐僧之神」，說明至少在明末，人們就認為唐僧寺（時稱靈巖寺）與玄奘有關，寺廟就供奉有唐僧玄奘的塑像。山門進去左側小院內還有一塊明萬曆丙辰年（1616 年）的「積善碑記」，說明萬曆年間靈巖寺至少有兩次修繕，可見當時較為興盛。

　　明末戰亂，寺廟被毀。清初恢復，被改稱為興善寺。我們推測，靈巖寺改為興善寺，就在明末清初，改朝換代之時。現唐僧寺存有清康熙四十年（1701）的「興善寺建火神廟碑」。還有一塊「興善寺施地碑」，從其風格看，與「重修火神廟碑」是一樣的，應該也是康熙年間的，碑文提到：「唐僧之神，雖屬釋家，既為神矣，必非無補於生成也。」說明寺院至少在清代前期被稱為「興善寺」，並且供奉有玄奘法師像。

　　至少在清同治年間，開始稱為「唐僧寺」。同治十三年（1874 年）的「唐僧寺上殿又重修碑」記載：「唐僧卒藏白鹿原處，確考即此寺也。現去西北數武（六步為一武），尚存有唐僧冢焉。」關於玄奘法師的安葬地點，其弟子慧立、彥悰撰寫的《大唐大慈恩寺三藏法師傳》記載的很清楚：「有敕徙葬法師於樊川北原，營建塔宇。」也就是說，玄奘埋葬在西安南部的樊川白鹿原，這是很清楚的。所以「唐僧寺上殿又重修碑」中所說的玄奘冢，不會是唐代高宗時代埋葬玄奘法師的地方。

　　但是據記載，唐代後期，玄奘舍利塔被黃巢亂軍發掘過。1942 年 2 月 23 日，日本人佔領南京期間，發掘一石函，上面寫有：「大唐三藏大遍覺法師玄

奘頂骨，早因黃巢發塔，今長干寺演化大師可政於長安傳得，於此葬之。」宋
理宗景定年間的《建康志》卷 46 記載：「端拱元年（988 年），僧可政往終南
山，得唐三藏大遍覺玄奘法師頂骨，為建塔歸瘞於寺。」元順帝至正年間的《金
陵志》記載：「塔在寺之東，即葬唐三藏大遍覺玄奘法師頂骨所，金陵可政和
尚得之於長安終南山紫閣寺。」我們注意到，被可政大師帶到南京的，只是玄
奘法師的頂骨。會不會有靈巖寺的僧人也像可政法師那樣，把玄奘法師身骨請
來呢？這種可能性是有的。

唐僧寺現存還有清光緒三十年（1904）的「修繕唐僧寺碑」，碑文記載，
此次修繕了唐僧寺大殿、火神殿以及院牆，並將佛像與火神像金妝上彩，說明
清末唐僧寺很是興旺。據老人說，清末的唐僧寺規模巨大，殿堂雄偉，有老建
築數十間，山門前有大照壁，寬約七米，高約四米，上繪太子晉畋白鹿的故事。
山門的中軸線上，建有天王殿、大雄寶殿、白衣殿、伽藍殿等，山門內有鐘鼓
樓，寺後有藏經閣，大鐘上刻有「大明萬曆」的字樣。寺內東側是僧人的寮房。
後院有古柏一百多株，古碑一百多方。僧人的塔林佔地有五十餘畝。

二十世紀八十年代初的唐僧寺，大部分為唐僧寺小學佔用，寺廟只剩下殿
堂兩座：天王殿和玄奘殿。天王殿又稱「下殿」，中間供奉彌勒佛塑像，兩側
分塑四大天王。玄奘殿為「上殿」，正中供奉玄奘大師塑像。據老居士席玉龍
回憶，原來翻修頂脊時，發現有「乾隆」的字樣，但具體是乾隆幾年則記不清
了。可知玄奘殿建於清乾隆年間。現在的唐僧寺，坐北朝南，佔地二十餘畝，
南北中軸線上依次為山門、天王殿、鐘鼓樓、玄奘法師銅像、大雄寶殿，大雄
寶殿內供奉東方藥師佛、娑婆世界釋迦佛、西方阿彌陀佛。中軸線東側有觀音
殿、玉佛殿、地藏殿等；西側則是講經堂、念佛堂等。將唐僧寺恢復為寺廟的
是當時在白馬寺擔任住持的海法大師。他深知玄奘大師在歷史上的地位，也深
知唐僧寺的歷史價值，乃發願予以重修。他募資收回玄奘寺舊址，並另行徵購
了二十畝土地，同時新建了山斗、圍牆、及鐘、鼓二樓。

「唐僧寺」在 1996 年由原中國佛教協會會長趙樸初先生改為「玄奘寺」，
現在為尊重歷史，以及配合玄奘故里建設，又恢復了唐僧寺的名字。

在印觀法師的努力下，唐僧寺天王殿落成。2017 年 4 月 8 日（農曆三月
十二星期六）上午九點，舉行天王殿落成及四大天王、伽藍菩薩開光慶典法會。
少林寺永信大和尚、開封相國寺心廣大和尚、洛陽白馬寺印樂大和尚、平頂山
香山寺宏法大和尚主持了法會，盛況空前。

　　總結以上唐僧寺的歷史，寺院在明代以前被稱為靈巖寺，清代前期被稱為興善寺，清代後期開始稱為唐僧寺，並一直沿用至今。現在，古老的唐僧寺在印觀法師的帶領下，寺廟的面貌日新月異，將以繼承玄奘精神，弘揚玄奘文化為己任，力圖重現歷史的輝煌，振興唯識宗風。

第二十二章　歷史悠久的豫西古剎
——伊川淨土寺

一、伊川淨土寺的位置

淨土寺位於天然睡佛丹田所在的位置

伊川翟智高攝

　　淨土寺位於伊川白元水牛溝村。明代嘉靖十一年《重修淨土禪寺記》記載：
「茲寺創自□□天賜延和間，歷乎宋，沿乎金元」。天賜是北魏道武帝拓跋珪
的第四個年號，自404年十月至409年，延和（432年正月～435年正月）是
北魏太武帝拓跋燾的年號。也就是說，淨土寺創建距今已有一千六百年左右的
歷史。公元402年5月，拓跋珪討伐後秦，進展順利，後秦姚興被迫向北魏拓
跋珪割地求和，東晉也被迫出讓大片領土。道武帝拓跋珪感謝上天把河洛大地
賜於北魏，遂改年號為天賜。如果按照《重修淨土禪寺記》的記載，淨土寺始
建於公元五世紀初。但明代正德元年（1506）版《汝州志》卷四明確說這座淨
土寺「唐貞觀戊子（628）建」，後者似乎更可靠些。

　　淨土寺院所在之山脈，恰像似一尊巨型仰天而臥的巨佛，巨佛頭部朝向龍門。巨佛眼角之下有寺院名叫清涼寺，在巨佛腰丹田的位置是淨土寺。再向南，就是金山寺，恰在巨佛的腳部，被稱為「五里三座寺」。淨土巨佛頭朝伊闕佛窟，腳蹬金山，極其壯觀。淨土寺與清涼寺和金山寺雖然現在屬於不同的寺廟，但歷史清涼寺和金山寺的地方本是淨土寺的莊園，淨土寺的僧人在那裏勞作後無處休息，就在莊園內建立寺廟，所以最初清涼寺與金山寺都是淨土寺的下寺。

二、元明時期的淨土寺

　　早期的淨土寺，沒有留下遺跡，現今我們知道的淨土寺的最早文物，是一方元代的《雲山舍利之塔》碑刻，住持門資惠整等所立，匠人李二所建。時間是「大元國至元二十二年十一月初一日」。說明元代時期，寺內有僧人住錫。

　　寺內保存有一塊明成化年間的《常住須知》碑：

> 成化甲□新歲，重修淨土精藍前後殿堂三所，僧廊三十餘間，鏡、鈸、鐘、鼓、鈴、磬。水陸十王新鮮，石碑四通敏記。後代相承流傳，僧臘三十餘眾，置地頃半，餘田稅糧六斗二升，松柏雜樹上千，內置桌椅板凳，共數五十餘偏，盤碟貢器八百，香爐花瓶俱全，榨磨碾子都有，大鐘石槽在先，前代尊宿數此，後續寶藏晉權，遺徒本靜住持，接管淨端相傳，繼承圓景住持，繩繩相付真延。欲見常住須知，後昆窺看前言：

> 西蜀金州蘇東坡述：役使婢僕，耳聾耳半；先念飢寒，後存使喚；太寬則庸，太緊則竄；寬緊是常，辛苦不憚，主無常嗔，婢無不歡；得使且留，可疑則換。莫使鞭撻，免生禍患。

　　結合《重修淨土寺記》碑記提到的「客僧懷義率徒本靜」可知，此碑的建立者為外來進駐淨土寺的僧人懷義。因為此碑文中提到「遺徒本靜住持」。懷義能以外來的僧人的身份，在成化年間修復殿堂三所，僧廊三十餘間。從文中看，當時淨土寺並不貧困，但從餘糧數量來看，也並不富裕。懷義引述蘇軾管理僕役的家訓，教導淨端、圓景以及弟子，說明當時寺內雇傭有僕役。總之，這篇碑文，對研究明代中期寺院經濟頗有價值。

元代的舍利塔塔銘

從碑文語氣可知，此碑頗有為自己一生總結和遺囑的味道，交代在自己之後，住持之位讓與弟子本靜，之後繼承住持的則為淨端和圓景。圓景則是懷義來到淨土寺之前的住持「□宗素庵」的弟子，從嘉靖年的《重修淨土寺記》碑文看，圓景自述「□宗素庵之徒景」，則說明□宗素庵是其老師，比其高一輩，那就應該是淨字輩高僧，所以這個「□宗素庵」應該就是「淨宗素庵」。淨宗素庵圓寂之後，經「鄉紳復謁」（《重修淨土寺記》），客僧懷義師徒進駐淨土寺的。外來的客僧能夠在淨土寺接任兩代住持，一方面說明正統年間淨宗素庵過早去世，其師弟淨端和徒弟圓景都很年輕，尚不能承擔住持之任；另一方面則說明客僧懷義和本靜師徒能力強是毋庸置疑的。那麼後來懷義安排本靜之後，再將住持之位還給本寺僧人淨端和圓景，恐怕鄉紳的意見也很重要。這對於研究當時寺廟與地方鄉紳的複雜關係也是很有價值的。

大明嘉靖十一年（1532）《重修淨土寺記》記載：

文林郎、真定府靈壽縣知縣致仕鶴峰李尚；嘉靖戊子科鄉貢進士□□李當；正德己卯科鄉貢進士李堯賓

嘉靖壬辰年冬十月既望，淨土寺僧圓景手尺牘謁予告曰：茲寺創自□□天賜延和間，歷乎宋，沿乎金元間，□□□世□□考，迨（dai）□□□。正統辛酉，僧□宗素庵住持於此尋任，嵩之僧會去，迨成化甲□，鄉紳復謁，客僧懷義率徒本靜，□□□□正殿□□，

余皆未逮。弘治元□□□□□金山移，□宗素庵之徒景之剃度師
也，自茲以□□，歷非一歲，更代非一人，不過循途守轍，率補度
日，□□真如□之久而不□向景也。叨居有日，年齒漸□，事為□
□□前修之艱苦，睹方壞之危□，乃慨然以興復為己任，謀諸□□
官□□□，鄉人梁受、趙良輔、梁□、杜深定、□宗冀疏糧□□□，
時遠近良族咸樂相助，材木金□□□□具，厥爾鳩集，於是殿宇堂
室，庖福門□，缺者增之，毀者易之，漫□□□之，□發軔以迄今
日，五間□□□始備，言成功之不易也，其像□□列□浮屠之□□
莊嚴，洗繪工□未畢，將以明年辛巳次第而落□。茲者修復之石□
□已就，丐□□一言以垂□□□□□□不□□□，嘗□□釋書，天
台□□□□淨土十□論，大抵使人專於清淨而歸心是土，無他為也，
故柳子為官永州有淨土院記，載在□□集中，可考也。然茲寺亦以
淨土名之，其取於斯乎？夫釋之為教，儒者□□□□□□□興之，
何哉？蓋以幽人高士懷山水之樂，以奇峰秀川，人□之所□至者，
必僧謁□□是□，利而有之，因□假吾人之詩文，□吾人之登臨其
地，其人□□□□□□人以詩無僧字□□殆此□耳。況茲寺創立突
出乎伊水，東□之上□□□而北拱，靈湫環之而西流，高亢□□為
伊邑之勝，概予自退休□□往年□□□□□□聯訾一遊□之□，時
人無知之者，未及寺數十載，景已□□於門，□□□之□，戲曰：
爾其懂五經歟？景微哂（shen），□□□已，與之談論，□□有條，
繼□□□悟，頗熟□，後知景之一言一行皆足以感人而動，物宜其
致多方之助而復，此數十年之一家一朝，亦可謂空門巨賢，有志於
繼述者矣。予可嫌於浮屠，拒之而不興邪？噫！世之為人之臣，若
子於君父之所遺，非惟不能修復以固守，抑且並其成□而復□者有
矣，其□浮屠何如哉？故因有所感而並記於石，以為當時、後世□。

大明嘉靖十一年歲在壬辰孟冬望後十日立

布政□□差□□趙禮；伊陽縣典史靳、知縣趙、主薄徐

伊陽縣僧會司僧會善凱；嵩縣僧會司護印覺隆；本縣耆老沈聰、
劉深、李璿

乾明寺住持福昭；汝州風穴寺住持□祿；洛陽龍泉寺住持本宗；
嵩縣龍泉寺住持□泰；

洛陽□□□□□；

□□□住持圓景、圓定、覺寬、覺□、覺升、覺名、覺典、知□覺興；法孫海□、海潮；維那覺定；殿主□□；□□□經典座覺林

□□寺住持□□；碧峰寺住持善福、善□；

本寺首座□□，監司□名；西堂圓□；座頭□□；

金山寺住持圓敬；清涼寺住持覺□

報國寺住持□□；善應庵住持□□；□興寺住持；廣興寺住持靜升；

永慶寺住持誓寬；如□悟□

能仁寺住持德杲

伊川淨土寺五間殿

翟智高攝

碑文大意是，嘉靖壬辰年（1532）冬十月，伊川淨土寺僧圓景拿著尺牘來找我說，淨土寺創立於北魏天賜延和年間，經歷宋金元。正統辛酉年(1441年)，僧人素庵住持此寺，後來嵩山的僧會到此，一直到成化年間（1465～1487），有外來的僧人懷義，帶著徒弟本靜，把正殿修復。自弘治元年（1488）以後，寺內住持僧人不斷變換，但都是因循守舊，直到素庵法師的弟子圓景法師住持

本寺後，感到自己居寺多年，年齒漸老，回憶以前寺廟殿堂莊嚴，而現在房屋危壞，慨然有修復之志。於是向官府求助，鄉黨梁受、趙良輔、梁□、杜深定、□宗冀等捐獻糧食，附近的良族也出資捐助，於是材料齊備，五間殿才修成，佛像莊嚴，但還未及彩繪。於是向我求文，我曾讀佛書，天台淨土等佛教宗派，主要宗旨都是讓人淨心而歸淨土。所以柳宗元在永州時有淨土院記留世。伊川的淨土寺的得名是不是也是如此呢？一般而言，佛寺常因儒生而行，儒生樂山水，僧人請儒生到訪佛寺，文士到寺廟一遊而留下文墨，僧人與名士一交往就聲名鵲起，大體如此。伊川淨土寺靠著龍門山而臨伊水，自退休算起，我已經幾十年沒有到過淨土寺了，圓景法師卻忽然出現在門前，我戲問他，你懂五經嗎？景法師一臉不屑。與之談論，井井有條，屢有感悟，對經典頗為熟悉。於是知道圓景法師是佛門龍象，我怎麼能拒絕他呢？況且在世間人臣幫助君主守社稷，兒女替父母守家業而能開拓之，都是值得讚歎的事，圓景法師將祖業壯大，不是值得現在和以後的人學習嗎？

從碑文可見僧圓景是個知識相當豐富的高僧，他在晚年的嘉靖十一年主持重修了五間殿。

嘉靖二十一年（1542）《伊陽淨土梵宇佛像記並頌》記載：

承德郎直隸永平府通判丁卯科舉人管世祿撰文直隸廣宗縣儒學訓導穆時躍篆額河南府儒學生員管以中書丹

洛陽管子休官林下，訂盟泉石，因穆刺史之子時躍從予學，遂依乃昆玉，置伊嵩水田二頃有寄，上以輸租而國，下以課養而家。時則予方逆旅伊洛別墅，俟（即「候」）有淨土首僧覺寬輩率大眾不速而來，僉合掌羅科，請曰：吾師景春山曩建茲剎，未畢而圓寂，乃令仍募施資，檀那若干人相與同心繪事，俾（音 bǐ）梵宇 革 故，佛像鼎新煥然，金碧輝煌，尉然丹堊晃耀，則吾師凤願畢矣。且顧石工鏨碑， 蠟 緇以待，敢希不吝珠玉留鎮山門，可乎？予聞而默然。

第後三謁三請焉。管子諾曰：道不同不相為謀，謀不忠亦奚垂遠，垂遠斯滅矣，謀滅斯記矣，矧（音 shěn，況且）一事弗知，儒者所恥。韓柳大儒尚進墨謁，予可以不文辭耶。嘗聞釋書，佛乃梵王太子，產自天竺，心地空覺，彼所謂西方聖人也。逖其心知富貴不可久居也，故雪山以棲真，塵囂不可 囊 素也，故落髮以脫俗，脫俗不可無為也，故化人以普濟，普濟不可私已也，故捐軀以利世，

利世維何，摩頂放踵，依稀孟訓之兼愛。棲真維何，明心見性，髣髴程論之近理。夫惟近理也，藐視王公，高明易移；惟兼愛也，盡惑群黎，愚蒙雖曉難曉，則下無法守也，易移則上無道揆（音 kuí）也，惟三代盛時則不然，要之綱常素明故也，厥後綱常教馳，左道潛滋周靈，夢幻金人，漢明始入中國，浸淫於梁武捨身，猖狂於唐憲佛骨，以韓愈之表諫，歐陽之本論，辭而闢之，廓如也。予固韓歐之徒也，遠宗孔孟之名教，近守昭代之典章，僧必設官示君臣之義也，律來不拜著父子之新也，茲嘉寬繼，述請交懇，以故直言不諱者，正欲尊吾尊而祝徵王壽，於國為忠臣，親其親而恪遵律令，於家為孝子，是故，予所以靳言梵宇扵一時，而特紀忠孝扵萬世也，否則盧居之不暇而昭扵為文也耶？故曰，謀臧斯記也，垂遠斯臧也。一日，管子義方教子少暇，試往觀焉，睹淨土之祠宇，見浮屠之遺像，退而歎曰：窮梠（同邦）非尊崇之道，土木非聖賢之宜，真所謂出自西方而南無者也。慨然有懷，乃作頌焉。其辭曰：

狘歟王明，神化廓清，走鳳毓秀，樂行歸耕，卜築伊涯，俯仰陶情，梵剎修辭，義仁道鳴。吁嗟浮屠，雪山幽居，清淨如塊，六載菩虛。天台顗師，十擬特書，嗟彼柳子，記院有請。瞻彼水峪，寺曰淨土，蜿蜒青龍，馴服白虎，玄武垂頭，朱雀翔舞，宇像一新，翬飛爰睹。大哉宣聖，神道護教，一以貫之，體用俱奧。萬世王祀，宮牆廟貌，彼何人斯，道其所道。予何人哉，前脩踐跡，蠟碑倚馬，呵筆文石，工拙罔計，淵明大適。學匪何世，授墨掃儒。

嘉靖二十一年歲次壬寅一陽月二十有四日立石

石工鄭春鐫

碑文大意：我管世祿休官以後，隱居在林下，因穆刺史之子穆時躍跟隨我學習，於是就近方便，在伊川買水田兩頃，上為國上交租稅，下可以養活家人。當時我住在伊川別墅，忽然有淨土寺覺寬率領大眾而來，向我合掌而禮曰：我的老師景春建設寺廟，還未完成就圓寂了，現在我們繼承其遺志，將寺廟重修一新，完成了師傅的夙願，希望先生能撰寫碑文，留鎮山門。

我聽了之後沒有做聲。覺寬法師再三邀請。我這才說，我是儒生，你是佛子，雖說道不同不相為謀，但韓愈和柳宗元等大儒，尚且為佛教撰寫文字，我怎麼能推辭呢。我聽說釋迦牟尼佛原是印度王子，為西方聖人，知道富貴不可

長久，於是到雪山修行，出家修道。修成佛後教化世人，摩頂放踵，似有墨子的兼愛之風和救世情懷。其明心見性之道，理論十分精微。由於理論精微，故敢於藐視王公。而其兼愛之道，則能夠迷惑百姓。百姓聽的似懂非懂，更加偏離了儒教正道。夏商周三代時卻不是這樣，當時綱常分明，大道和諧。三代後禮崩樂壞，左道佛教乘機而入。漢明帝夜夢金人，佛教進入中國。梁武帝佞佛舍身，到唐憲宗則因迎佛骨與韓愈衝突。韓愈的諫書，歐陽修的論說，其文章還可以看到。我是韓愈與歐陽修派的，遠宗孔孟之道，近守歷代典章，認為僧人必須設觀予以示君臣之義，法律必須懲罰不拜父母的沙門。我如此直言不諱的原因，是為了正朝廷的秩序，讓沙門能以國為忠臣，於家為孝子。所以我為佛寺寫一個碑文，卻能夠表忠孝的大義於萬代。如果不是出於這個考慮，我在家裏教書很忙，哪裏有空為佛寺寫文章呢！所以我的用心藏在這篇碑記中，希望能將儒教教義傳播更遠。

一天，我教課之餘，到淨土寺遊玩，看到佛教的大殿和佛像。回來後感歎這並非是我可以尊崇的教法，建築也不是聖賢應該居住的，真所謂佛教出自西方，而南方所沒有啊。有感於此，我寫下頌語：

王政開明，我樂於歸耕於伊水之畔，為佛寺撰寫碑文，其意在於表述儒家的仁義學說。可歎佛陀，在雪山苦行六年；天台宗的智顗大師，有石城遺書。連柳宗元也曾為淨土院撰文，伊川的淨土寺，風水甚佳，左青龍，右白虎，前朱雀，後玄武，寺廟修繕一新，眾目咸睹。宣傳大道，神道護教，他們是佛教徒，宣傳他們的大道，我是儒教徒，宣傳我的大道。利用這個機會，我實現弘揚儒道的目的。

佛教徒竟然乞討來了這樣一篇行文好不客氣的碑文，卻還是老老實實地將之樹立在廟內。其原因並非僧人不識文墨，看不出門道。看看當時嵩縣雲岩寺的遭遇我們就知道，當時的佛寺屢受地痞無賴以及官府的欺壓，與這些手握權力的官紳拉關係，討好他們，不得不成為佛弟子必修的功課。

現淨土寺有一塊殘碑《重修大佛殿碑》，裏面提到「□□三十一年，重修中佛殿、天王殿，住持僧海潤。」而重修大佛殿的功德主則為張一元，化主證銅，附屬人員還有僧海道、海濤、海仲，正演、正雷、正喜等。我們發現，這個海字輩的高僧海潤，以及證字輩的高僧證銅，應該是萬曆年間的人。海潤的上輩就是明末的覺字輩，嘉靖二十一年（1542）《伊陽淨土梵宇佛像記並頌》提到當時有覺寬法師。所以碑文中的「三十一年」應該是萬曆三十一年

（1613）。奇怪的是，碑文中證字輩高僧有的用的是「證」，如化主證銅，而其他用的是「正」，如正演、正雷、正喜。可能當時兩個字是互通的，也可能是為了顯示作為化主的證銅的地位高於其他正字輩僧。

如此，則明末淨土寺還是很紅火，萬曆三十一年由僧海潤住持修復了中佛殿與天王殿，而後不久又重修了大佛殿。

三、清代的淨土寺

明末起義，清軍入關，兵燹紛起，寺廟凋落，似乎是洛陽地區寺廟的共同特點，清初的順治與康熙朝，淨土寺似乎尚在艱難的恢復中，並未留下文字記錄。一直到雍正年間，才又有資料出現。

淨土寺現存有雍正十一年的《重修水陸殿暨韋陀神殿碑記》，內容如下：

> 水陸聖殿建立於鸞浴溝，由來久矣，考之碑碣，詢之先民，方知此殿已□□□□載，風雨鳥□，飄搖剝蝕，漸就傾圯。內弟舒菴過其地，側然曰：此吾先□□，後奈繼述，因出己財數十金，並募化四方，善信人力，而替成之。韋陀神殿一□，也為重修妝塑，煥然改觀，工起於雍正九年之春，落□□□□八九焉。蓋舒菴善人也，其本奉白衣閣菩薩，菴不惜物力，悉□□□人利物，事亦不踴躍爭先，天賜好善人而須薦□□者，後比當□□□□，因並及之。
>
> 嵩縣李□撰文，本縣張□書丹，功德主□其伸，化主張孺。時雍正十一年歲次。

可見，這是本地貢生舒菴發心為淨土寺重修淨土寺水陸殿和韋馱殿的碑記。

清乾隆三十年（1765），淨土寺有兩位高僧圓寂。其一題：「圓寂上滿下洋水菴和尚之塔，徒定嚴，孫佛亮、佛偈；曾孫性法、性福、性書；玄孫清瑞，來孫淨□」，時間是乾隆三十年乙酉春。其二題：「圓寂上定下嚴敬如和尚之塔，徒佛亮、繼徒佛偈；孫性法、性福、性書；曾孫清瑞，來孫淨□，侄孫性本，曾侄孫清隆」。可見，當時淨土寺的字輩為「滿、定、佛、性、清、淨」。滿洋與定嚴師徒同年春圓寂。從碑文看，當時淨土寺僧人眾多，子孫繁盛。

佛亮法師號昭然，淨土寺出土一塊《雲夢樵夫碑》，是當時伊川雲蒙山一個隱士寫給佛亮法師的文字：「絕頂皆岩石，崎嶇一徑通；巉岩緣碧水，古木惹秋風；丈室三乘透，法身五蘊空；道林棲隱處，清淨與君同。」時間當在乾隆後期。

佛亮法師地位頗高，曾任僧會之職，這是淨土寺僧人在清代縣裡的最高官方職務了，也是唯一見到的有名字有官職的僧人。他圓寂於嘉慶二年（1797），現寺內存有「圓寂僧會上佛下亮昭然和尚塔志，徒性法、性福，孫清誠、清有；曾孫淨環，玄孫澄□。徒侄曾孫淨善，玄孫澄智，來孫道來。徒侄性書，侄孫清潤、清祥。」嘉慶二年三月十五日。

淨土寺《大清補修中佛殿、天王殿、金剛殿碑》記載，清嘉慶十八年（1813），淨土寺重修過中佛殿與天王殿、金剛殿、伽藍殿。當時的住持是性法。立碑人還有淨松與淨環。誥授朝議大夫江蘇江寧府知府兼理鹽巡道事呂燕昭書丹。監生：張翰魁，澠池縣教授張翰儀，功德主布政司經歷張翰仙，即月訓導張翰楊，監生張守中，貢生張翰昂。可見這是在當時頗有勢力的夾河張氏家族作為功德主出資對淨土寺淨行的重修。

筆者拜訪如琛法師

淨土寺還有一塊《咸豐七年》碑，碑文如下：

蓋聞善作者尤貴善成，善始者必期善終，言經美之難，其人也而當受任於艱辛之際，承貴於田頃之秋，猶能成且終者，則其人為尤難。

伊之北有淨土寺，檀越為夾河張氏，規模宏敞，香火豐隆，蓋自前明至今，歷有年頭矣。邇來廟貌傾圮（pi），土田廢張。佛門弟

子幾至託缺天所，傷已。時寺僧有方瑜者，淒然念夫飢寒，慨然悲夫零落，於是攜其兄方瑞，奮然起，毅然為勤儉，自矢艱苦，修嘗之餘，年如一日，維黃金其珠，積致補壞，以壁還。方瑜又請諸檀越大為布施，增修後殿，配殿十餘楹，寺之規模、香火一如當年，且以……銘其禪室，俾久勿替。

吁，方瑜之心力於是交瘁矣，夫方瑜當僧團時，使坐視廢敗，庸庸自安，亦誰起而責之？而獨能攜其兄起而噓已灰之餘爐，豈不較善成善終者之前徵後繼尤為表表哉？方瑜之後，倘念其師經營之苦，協力同心，勉勉不已，豈不使茲寺宏敞豐隆於無盡哉？諸檀越哀方瑜之志，令勒諸石以善之，而丐文於余，余亦奇其人而樂為之記。

首事人：監生：張八義、張虎崗、趙建、張五申、張三維、張八維

例授修□郎候選□□□，貢生河南府新安縣呂鍾芝撰文

咸豐七年四月

大意：我聽說要做事就要將事做成，善始也要善終。如果是受任於艱難困苦之際，承擔起大任，還能將事情做好做成的，就更不容易了。

伊川北部有個淨土寺，施主是夾河的張氏家族，淨土寺規模宏大，香火旺盛，自從前明到今大清，一直都是如此。近來寺廟殿堂傾圮，佛門弟子幾乎沒有住所，讓人心傷。寺裏有個叫方瑜的法師，感歎寺僧的飢寒和寺廟的凋零，於是和其師兄方瑞一起，用自己常年的積蓄，修補寺廟。方瑜又請各位大施主廣為布施，增添後殿與配殿十餘楹，寺廟的規模、香火才恢復到當年的樣子。

哎呀，因為這個重修的事情，讓方瑜法師身心交瘁，如果當初他不作為，坐視寺廟衰敗，庸庸自安，誰能責怪他？但他能夠與師兄奮起將已經已經逐漸冷卻的火堆重新吹起，真是比善始善終者更值得後人作為榜樣。在方瑜法師之後，如果他的弟子們能念其師經營的勞苦，協心同力，勤勉努力，淨土寺豈不是可以永遠昌盛？各位施主感歎方瑜法師的功德，將之刻石紀念，請我寫篇碑文，我也覺得法師很了不起，願意為之作記。

可見這是一方記載由夾河張氏家族鼎力支持，住持方瑜法師主持的重修活動的清碑。修復的主要內容是修缺補漏，並添加了後殿和配殿，工程是比較大的。

少林寺方丈永信法師到訪伊川淨土寺

淨土寺還有一塊殘碑，因關鍵字缺失，具體年代不詳，但從碑石保存的狀況和行文風格來看，應該是塊清末碑。碑文如下：

> ……人為仁，作事有方；有使於人為獸，心皆本仁而事皆欲□
> □□，溝東有古路一條，日久年深，風雨損削，行人苦之。淨土寺
> □勤見而欲修之，同於四方好善之士，謀之皆願為之，募化□□，
> 一歸蕩平，是大有便於行人，豈曰小補之哉？餘設學寺內，言事可
> 嘉而善之，不容沒也。同志之此，為世勸雲。岱雲撰文並書丹。
> □□歲次甲午仲春月　穀旦

此碑說明，當時有學者岱雲在寺內辦學。

淨土寺還出土了兩塊篆文石碑，一塊寫「福緣善業」，一塊寫「形端表正」，非常漂亮，但不知建於何時。

總之，明清時期，臨濟宗一支在淨土寺扎根，有自己的字輩傳承，經歷明末清初的戰亂而沒有斷絕。但是，挺過了明末戰亂的淨土寺臨濟宗，並沒有挺過清末和民國的戰亂以及建國後的政治運動。這一階段沒有碑文留世，可知衰敗窘迫。

1997 年，比丘尼如琛法師來到淨土寺，這是改革開放後，淨土寺再次有僧寶入住。如琛法師為恢復淨土寺，篳路藍縷，終於使淨土寺面貌一新。2012年 12 月 17 日上午，少林寺方丈釋永信一行三人，在伊川縣政協常委趙建智等人的陪同下，到洛陽伊川白元淨土寺考察。永信方丈一行先後參觀了淨土寺大殿及雕刻、石碑等歷史古蹟，並到殿外進行實地考察。

第二十三章　豫西名剎——宜陽靈山寺

「去寺猶一里，隔林聞水聲。安知乘興客，山下遠相迎。」900多年前，北宋司馬光在宜陽靈山寺留下這樣的吟誦。宜陽縣位於洛陽市區西南，在宜陽縣城西7.5公里的洛河南岸，是熊耳山的餘脈靈山，聞名遐邇的靈山寺，就坐落在靈山北坡上。

宜陽靈山寺地形圖

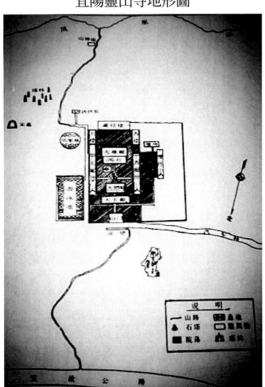

取自宜陽縣志總編室《靈山寺志》

一、靈山寺可能始建於北宋

　　靈山寺是洛陽著名寺廟，論名頭在洛陽僅次於白馬寺，但其始建於何時，則文獻闕如。但宋代司馬光就曾經遊覽過靈山寺，並留下詩兩首，說明靈山寺至少創建於宋代。其中《靈山寺》詩云：

> 神林興盡謀早歸，草間露浥行徑微。
> 忽思靈山去不遠，馬首欲東還向西。
> 垂鞭縱轡尋山足，洛水透迤過數曲。
> 漸聞林下飛泉鳴，未到已覺神骨清。
> 入門拂去衣上土，先愛娑羅陰滿庭。
> 庭下雙渠走清澈，羅縠成紋日光徹。
> 寒聲漸瀝入肝髓，亂影飄蕭動毛髮。
> 寺僧引我觀泉源，堂樂周回百步寬。
> 碧頗梨色湛無度，想像必有虯龍蟠。
> 泉南高山名鳳翅，宛轉包泉張遠勢。
> 岸旁修竹逾萬竿，颯颯長含風雨氣。
> 寺門下望情豁然，桑柘紛披滿一川。
> 嵩高女幾列左右，王屋大行來掌前。
> 昔為孔氏懸泉莊，岩洞猶存荊棘荒。
> 到今其下多怪石，熊蹲豹護爭軒昂。
> 嗟予歸來苦不早，汩沒朝市行欲老。
> 捫蘿躝屏須數遊，筋力支離難自保。

　　在神林遊玩結束，我本打算早點回家，沿著草叢間沾露的小道往東走，卻忽然想起這裡離靈山寺不遠，於是調轉馬頭往西走，放馬尋找靈山寺所在的鳳凰山。洛河水已經拐過了幾道彎，漸漸聽到林下的泉水聲，還沒有到達寺院，就已經感覺到神清氣爽。進山門前我拂去身上的塵土，進門後就看到一棵大娑羅樹，覆蓋了整個院子。庭院內有兩條人工渠，渠水流動，水紋就像紗布上的紋樣，在太陽的照射下顯得特別清澈。水聲透著寒意，讓人感覺寒冷徹骨，頭髮則隨著寒風搖擺。寺裏面的僧人帶領我觀看泉水的源頭，池水有百步寬，碧波蕩漾，湛然清澈，想必有虯龍住在裏面。泉源南面的高山是鳳翅山，山峰宛轉，將泉池抱在裏面。池水邊種滿了翠竹，隨風搖動，颯颯如風雨聲。站在寺門下望，心情豁然開朗，桑樹莊稼布滿山川，嵩山、女

幾山、太行山、王屋山都近在眼前，這裡昔日為孔姓族人居住的懸泉莊，岩洞裏還殘留著他們砍下而沒有用完的荊棘，如今荒廢在洞裏。下面有很多怪石，猶如熊豹那樣或蹲或臥。哎呀，為何沒有早點來這裡呢！在紅塵中埋沒的時間太久了，到了年邁才出來遊玩，我提著衣襟，踩著木屐，想多玩一會兒，卻感覺到體力有點力不從心。

宜陽靈山寺遠眺

詩中提到的神林就是宜陽的神林峪，在靈山的東面；女幾山則在宜陽的西南面；鳳翅山就是現在的鳳凰山，也就是靈山。他說的泉池，現在還在，他提到的怪石，就是「上水石」，這是本山特有的一種石頭，因為紋路粗，只要一處沾水，別的地方很快就會占滿水，所以經常被放到魚缸裏，在上面種上水草，長的很好。所以可以肯定，司馬光所去的靈山寺，就是宜陽靈山寺。

司馬光提到靈山寺周邊原為孔姓族人居住的懸泉莊，岩洞裏還殘留著他們砍下而沒有用完的荊棘，提示我們也許靈山寺是個新寺。因此筆者相信，靈山寺可能始建於北宋。

然而明代宜陽人何其恕，後任萬曆年間戶部尚書，曾寫有《翳然亭記》，其中提到：「軍侯知靈山之所以奇乎？……中創梵宇，伏於其背，衲子雲礽，傳自盛唐。」文中說靈山寺創立於盛唐，究竟可不可靠？

早於何其恕數十年的王邦瑞，曾任明世宗時期的兵部尚書，早年曾在靈山寺讀書，對靈山寺頗為熟悉，然而他卻不知道靈山寺建於何時：

> 靈山，一名鳳凰山，寺曰報忠寺，寺之興也，莫考其何時，有
> 老僧掘地，得斷碑數寸，題曰「報忠」，而相傳亦云，蓋已遠矣。

就是說，靈山也叫鳳凰山，靈山寺也稱報忠寺。寺廟不知何時建造，聽說有老僧掘地，挖出斷碑，上寫有「報忠寺」的字樣，就這也是傳說，不知道什麼時候的事了。況且洛陽地區在唐代屬於中心地帶，詩人眾多，尤其李賀還是宜陽籍詩人，但他們都沒有留下靈山寺的資料。因此筆者認為，靈山寺始建於唐代的說法並不可信，從現有的資料來看，始建於北宋的可能性更大。

二、明代的靈山寺：文人薈萃的勝地

宋元時期靈山寺具體情況不詳，現存有關靈山寺的資料，多是明清時期的遺留。至遲到明代時，靈山寺已經成為豫西名剎，明兵部尚書王邦瑞、戶部侍郎李文年輕時均在靈山寺讀書，雙雙於正德十二年（1517）考上進士，傳為佳話。王邦瑞（1495～1561），自維賢，號鳳泉，河南宜陽蓮莊人。出身寒微，生性剛直，聰明好學，長於詩文。年少時曾於靈山寺學堂讀書，18歲中舉，22歲進士及第。嘉靖中，任兵部右侍郎。當時的兵部尚書丁汝夔因俺答汗入侵京師，防守不力而下獄，邦瑞代兵部尚書職，他訓練團練有功，擢升兵部尚書。死後朝廷封贈太子少保，諡號「襄毅」，後稱「王襄毅公」，有《王襄毅集》傳世。王邦瑞留有《重修靈山報忠寺記》一文，其文如下：

> 弘治乙卯（1459），學佛者定銀，益拓前規克成，而弗能記也。
> 迄今二十有六載矣。定銀之徒，名曰智慶，繼有此志，請記於予。
> 記曰：
>
> 自佛入中國，而山川勝概多為所居。自古興廢之故，宮闕臺榭，城郭苑囿，以兵燹為丘壑者，與時俱化；而佛宇深居，獨有累代越世而不易者。夫富有者多怨，位高者易危，苟運厄遭難，則黎民以殍。而浮屠逃匿空門，蟬脫塵劫之外，獨得以放志，適體而食，其力是何哉？清淨虛無者，絕爭之端也，託名避世者，卻患之道也。
>
> 竊又曰：世之名都無窮，列剎相望，建寺於通都大邑，又弗若深山峽谷之為幽，蓋安禪入空者，薄紛奢之交，演法談道者，必高虛之地。是以山川妙合，世之遠也；雲霧萃止，氣之會也；松柏赤立，境之幽也；異鳥翔集，物之華也；宮室清寂，神之止也；鍾磬響散，音之和也。而玄關幽鍵可以潛通矣。若夫市井交訛，囂塵並集，涅槃妙旨，寧如是哉！

1459年，寺內的定銀長老，重建了寺廟，卻沒有碑文記錄，到現在已經26年過去了。定銀的徒弟智慶法師，請我記錄其事，我寫下此文：

　　自佛教進入中國，名山勝景多為僧居。城裏的亭臺樓閣，因為兵亂戰爭而成灰土的太多了；但寺廟藏在深山裏，卻獨能歷代而保存下去。有錢的人多埋怨；官大的人容易危險；黎民百姓遇到饑荒，就會餓殍遍地。和尚們則躲入空門，反而可以放鬆心神，養足身體，這是什麼原因呢？因為清淨虛無，就是斷絕紛爭的開始，避世隱居，就是卻患的大道。

宜陽靈山寺「靈山聖境」牌坊

　　我又想到：中國名城很多，城內都是寺廟相望。把寺廟建在大城市裏，怎麼比得上將之建在深山峽谷中呢？因為修禪定，悟得空理，沒有華麗的交際活動，談經論道，必須在遠離都市的山上。這裡山水相接，遠離塵紛；雲霧彙集，二氣相聚；松柏成林，環境優雅；各種鳥兒棲止，聚集精華；宮殿內清淨，可以安神；鍾磬響散，音聲相和。在這種環境下，才能打通玄關。如果身居鬧市之中，與市井交往，各種事情紛擾，佛教的涅槃妙旨，怎麼能夠彰顯呢！

　　王邦瑞的這篇《重修靈山報忠寺記》，和其他碑文明顯不同，其他碑文都是講重修的原因，重修的主持人，重修的殿堂都有哪些，以及日期、功德主等等。但王邦瑞的文章只是對重修的主持人定銀法師一筆帶過。內容卻主要是借題發揮，感歎紅塵中鬥爭的激烈，權力傾軋中的危險。想到他的前任丁汝夔下獄，他自己接任兵部尚書後就被仇鸞誣陷，被迫去職，十年後又再次復職的宦海沉浮，王邦瑞羨慕山居生活的平靜、寺廟生活的安靜就不難理解了，這是長期壓抑後的一種心情釋放，只是借著為靈山寺寫碑記而抒發了出來。

　　與王邦瑞年少時一起在靈山寺學堂讀書，後來又同科（1517）考上進士的李文，後任戶部侍郎，也為靈山寺留下一篇《重修鳳凰亭記》。文曰：

　　　　邑西十里許有靈山，山腹有寺名報忠。寺之東偏，其源混混，即鳳凰泉也。先是泉四旁皆荒蕪不治。弘治丁巳（1497年），維揚胡公以御史論權要謫知吾邑，庶政維和，尤式崇化本，乃於寺之泉南為亭三楹。簡郭子朝儀、楊子宗器輩七人於是。而麗澤之定課程限期，設處廩餼（linxi，即津貼），紙筆而董其事者，皆住持僧定銀也。由是寺中凡有官府一應雜派事，胡公悉憂之，不與他寺同科。

　　　　公鶯遷去臨汾，張西盤繼之，較昔尤密，我輩之小有得也，於是居多。是亭也，固不獨為遊觀者增一佳境也。然，吾嘗臨泉下，見夫凝碧漱瑤，天光雲影，意味無窮，其形地設，其秀天成，至於泉水下注，穿岩越壑，掛練飛瓊，隨其人力所引，而波濤不生，可以把注錡釜（指做飯），灌溉田園，可以羞王公，薦鬼神焉。

　　　　又嘗以餘力躡山之巔，徘徊四眺，載瞻東魯，泰山在目，西望岐周，太華、少華彷彿雲際。南有嵩嶽，北有燕京，凝目之久，如侍左右。俯其下，雲之卷舒無心，鳥之出還似有知者。舟子乘筏東出，渺然一葉；遠道行人往來，其形點點。夫人之遨遊於是者，恍置身圖畫中。然則是亭也，又豈獨為學者一精舍云爾哉？自余輩宦遊四方，亭事雖廢，子侄輩猶以任子淮遊，籍居於是，然往來遊觀者，間有不尋醉翁之樂，樂己樂而不近人情焉。是亭也，不翻為寺之崇而僧人之癭（ying，累贅）乎？嘉靖戊戌（1538）冬十月，三尹中丘汪公重葺而新之，嗣是以後，其毋蹈繼之衰，而其追乎始之盛。

　　　　斯亭也，當與靈山之秀並不朽云。

　　宜陽縣城西十里地有個靈山，在山半腰有寺廟為報忠寺。寺的東邊有泉名鳳凰泉。以前泉周圍什麼也沒有。1497年，揚州籍的胡公，身為朝廷御史，彈劾權要重臣，被貶出京師，到宜陽任知縣。他治下政通人和，尤其重視文教，就在靈山寺的鳳凰泉旁建立了鳳凰亭作為學堂。揀選郭朝儀、楊宗器在此授課，設置課程，給老師發津貼，紙筆則由靈山寺住持定銀法師提供。因此凡是官府攤派給靈山寺的各種雜務，胡公都有待靈山寺，與其他寺廟區別對待。

　　胡公後來升遷到臨汾，張西盤接任，繼續他的靈山寺的事業，我們小時候得益很多，經常去居住求學。所以鳳凰亭並不不僅僅是為遊客多一處遊覽景

觀，也為地方文化事業做出貢獻。當然，泉水的環境也足夠幽美，我曾經到泉池邊，看到池水凝碧，與天空相映，其天造地設之巧，讓人意味無窮。泉水往下流，穿過岩石的縫隙，形成小的飛流，並能為人工渠所導引，而不肆虐飛濺，泉水可以用來做飯、灌溉田園、可以送給王公貴室泡茶，可以祭祀神鬼。

　　我還曾登到靈山之巔，四處瞭望，向東看山東，看到泰山；向西看陝西，看到華山；向南看到嵩山，向北看到京師燕京。看的時間長了，這些名山大邑彷彿就在身體的左右。站在靈山上往下看，雲霧舒卷，鳥兒像人在忙碌那樣飛去飛回；洛河上行使的小竹筏，看著就像樹葉在河面上漂；來往官道上的行人，就像一個一個的小黑點。人站在這裡遨遊天際，猶如置身畫中。如此鳳凰亭怎麼能僅僅被視為是一個學堂呢！自從我們這些學子到全國各地做官，鳳凰亭也逐漸荒廢，我們的後輩們仍然不時來住在寺裏，但來者多是遊山玩水而已，並不是來學習，這個亭子已經破敗的成為靈山寺的累贅，1538 年 10 月，汪公重新把它修葺一新，希望自此之後，鳳凰亭不要走繼續衰敗的老路，而是能恢復當初的興盛，為宜陽培養更多的人才，這樣才能使得山寺與靈山並列而不朽。

宜陽靈山寺山門

　　李文的文章，給我們介紹了靈山寺學堂的來歷。是由原為朝廷御史的胡公的倡議下建立，政府出師資，而靈山寺出地方、津貼和紙筆。所以這是一家公私合營的學堂，不同於一般的私塾。王邦瑞和李文在此求學，雙雙考中進士，應該和那位從御史下放到宜陽的胡公緊密相關，如果沒有胡公的提攜，一個縣裏能一年考上兩個進士，是相當難的。

李文的後面，多是莊子寫意式的翱想，靈山並不高，站在靈山之巔，其實看不到宜陽以外的山脈，李文想像自己看到泰山、華山、嵩山和燕京，只是寫意而非寫實。他是基於對家鄉的感情而寫的，所以並不在意所寫內容的客觀性。他對靈山寺學堂所抱的希望，至今讀來仍然覺得殷切。

明代董相著有《鳳凰亭翟公竹記》，其文曰：

> 嘉靖丁巳（1557）秋，邑侯衛公心、宴巡道陳公於鳳凰亭上，翟公為席東，以公為陳公舊也。酒數行，相盤桓於池上曰：清泉翠竹，上下相映，為騷人增詩興耳。且本固節貞，枝葉盛美，日有清陰，風有清聲，古人多愛此君有以也。

> 翟公曰：憶嘻，斯竹乃予所手植者，蓋當弘治己酉（1489），予方總角，從師馬公信讀書於斯，因移庠竹而培之，寺僧智宣所同有事者也，歲久繁滋，遂成林矣。衛公伐石，以記其事，爰屬予以文。予既不敢負公之命，而翟公齒德兼隆，為鄉鄰表率，尤其所當識者。

> 衛公，諱心，別號析麓，舉庚戌進士，晉陽城人也。翟公，邑人，文其名，宗周其字，屏山其號，以歲薦訓延安署府事，遇荒活饑民千餘命，繼諭商河視縣篆，適世宗皇帝南幸，夜卻種馬常例金五百兩，一時保薦交至，不次晉秩，而公急流勇退矣，優游林下四十餘年，沖素雅淡，絕跡公門，壽九十九而卒。嘉靖四十三年（1564），崇祀鄉賢，七子，五十餘孫，本支沛衍，傳書奕世，如斯竹苞茂云。

1557 年，宜陽縣令衛心、在靈山寺鳳凰亭延請巡道陳公，翟文做東，因為他曾是陳公的舊相識。酒過三巡，大家在池邊遊玩，大家都覺得池邊的翠竹與泉水相映，可以為詩人增加雅興，這裡的竹子根深節長，枝葉茂盛，盛夏有樹蔭，風吹有聲響，自古人們都喜歡竹林的這些特點。

翟公說：哎呀，這些竹子是我親手種植的。當時是 1489 年，我剛總角（8～12 歲束髮），在靈山寺從老師馬信讀書，就移栽了些竹子到這裡，寺僧智宣也參與了其事，時間長了，越長越多，就成了竹林。縣令衛心命人採石刻碑以記其事，並讓我寫碑文。我既不敢推脫縣令的命令，同時也覺得翟公不管是年齡還是德行都堪稱鄉鄰表率，應當讓其人其事為人所識。

縣令衛心，號析麓，是庚戌年進士，山西太原人。翟文是宜陽縣人，字宗周，號屏山，曾被薦任延安署府事，在荒年救活上千饑民，後調任商河縣篆，剛好碰到世宗朱厚熜南巡，翟公沒有照例收受朝廷撥下的種馬錢五百兩，一時

保薦的人很多，要求將其晉級，而翟公卻急流勇退，在鄉下隱居四十多年，年九十九才去世。1564 年，縣裏祭祀鄉賢，翟公有七個兒子，五十多個孫子，可謂枝繁葉茂，為世所矚目，正如靈山寺的翠竹那樣繁茂。

依董相的說法，則靈山寺的學堂，胡公於 1497 年建立鳳凰亭之前就存在，因為翟公說他 1489 年總角時（頂多 12 歲），就在寺裏跟隨馬信老師學習，胡公只不過是新修了亭子，加強了師資和補給而已。董相說翟公活了 99 歲，也不大可信，因為就算 1489 年翟公 12 歲，至少在 1564 年他已經去世，頂多 87 歲。

三、清代的靈山寺：高僧弘法的叢林

明代的靈山寺，僧人留下的多是法名而已，具體情況則不詳，明代的資料多是文人雅士、官宦大夫留下的記錄。相比之下，清代則不僅文人資料多，寺僧資料也多了起來。

宜陽靈山寺送子觀音

　　清初臨濟宗高僧風穴憨休法師曾進駐宜陽靈山寺，被後世稱為「憨休老祖」。憨休是四川西部今平武縣龍安鎮人，俗姓胡，十九歲出家，二十歲受具足戒。之後到各處訪學，曾到少林寺參訪達摩祖師聖蹟，過汝州風穴寺，參訪雲峨喜禪師，獲得印可，繼承禪宗臨濟法脈。之後他到陝西弘法，在涇陽興福寺、長安興善寺均住錫過，後來回河南繼承風穴祖廟，史載他「權開洞山五位，要出溈仰三生，一字關大雲門之高古，六相義攝法眼之現成。」能夠廣泛運用曹洞宗、溈仰宗、雲門宗、法眼宗的方法接引弟子，並不僅限於臨濟。憨休的禪法能「奪境奪人，直捷痛快；立賓立主，大用天旋」，是個很有成就的高僧，但可能他的主要根據地還是汝州風穴寺，宜陽靈山寺應該是他接管的寺廟，主要派遣弟子經營。因此在清代，汝州風穴寺的地位是高於宜陽靈山寺的，算是祖寺，這一點從明聞法師的經歷也可以看出來。

　　憨休的弟子有明聞法師（1663～1723），號雪航，陝西華縣人，俗姓趙，自幼就在靈山寺出家，後到風穴寺參訪憨休老祖，獲得印可。據說憨休曾稱讚他說：「吾今得爾，繼往開來祖燈不墜，吾願足矣。」明聞出去行腳數年後，回到風穴寺充任監院，後來收到宜陽信眾的請求，回到靈山寺住錫，康熙五十五年（1718），風穴寺請他去任住持，而宜陽信眾不放，明聞法師誓言去風穴寺三年就回。但到了風穴寺之後，忙於修復寺廟，整頓寺務，六年而逝。時間是在雍正元年（1723）夏，享年六十歲。僧海宴將其骸骨迎回靈山寺，並建立「重闢禪院雪航明聞和尚之塔」。

　　明聞大師之後的靈山寺高僧有海山大師（1671～1733），字仁庵，山西平陽人，俗姓米，44歲時才出家，禪師品性忠厚，為人質樸，守戒嚴禁，待人寬而有禮。他主要的貢獻是在靈山寺刻《法華經》，進行流通，這是靈山寺歷史上第一次。雍正十一年（1733）圓寂，享年62歲，僧臘22年，後於乾隆八年（1743），築塔於靈山寺側。

　　聰乾禪師（1682～1736），字昆月，山東人，八歲就隨著師傅來靈山寺參訪巾鉢法師，學佛三年，後來到四川成都昭覺寺受具足戒。後來巾鉢法師受風穴寺之請，到那裏接任住持，聰乾法師跟隨到風穴寺五年，之後巾鉢大師圓寂，聰乾則帶靈骨回靈山寺建壽塔，並守塔三年，之後就生病而逝。時間是在乾隆元年（1736），享年54歲，僧臘32年，塔銘稱他「未曾開堂機辯，表率足以啟迪後昆。」說明他並未開堂講法，接引弟子。

心蕊禪師（1681～1744），字復真，山西晉城人，俗姓王，38 歲出家，遍遊國內名山參學，乾隆四年（1739）來到靈山寺，在此住錫四年，乾隆八年秋染病去世。享年 62 歲，僧臘 24 年。

廣機禪師（1697～1752），宜陽人，俗姓蕭，24 歲出家，曾代為管理「化成庵」事務。乾隆十三年（1748），回靈山寺擔任住持，被稱為「機公」，1752年病逝，享年 55 歲，於乾隆十九年（1754）立塔於靈山寺側。

清中期靈山寺最有成就的當為函華大師（1745～1815），南陽人，俗姓宋，幼年即到靈山寺出家，被安排到靈山寺的屬寺靜安寺裏，師從靜安寺住持浩本，成年後到開封大相國寺受具足戒，相國寺方丈告訴他，「坐禪十年，不如參訪一日。」於是函華和尚就四處參學，到過寒山寺、東岩寺等，後回到宜陽。函華善於書法，趙堡鎮信眾請其到該鎮住持福安寺。乾隆五十四年（1789），徐公率眾延請函華到靈山寺擔任住持，他在靈山寺「演揚妙法，手棒目觀」，說的正是禪宗機鋒棒喝的手法，據說前來參學的僧人「往來行腳，日夜不息」，「經書貝葉，定入蒲團」，他的理論知識與禪定工夫都很不錯。函華住持靈山寺時，還翻修了靈山寺，「合寺殿宇，煥然一新」，他有力量全面翻新寺內殿宇，可見是影響很大的僧人。函華於嘉慶二十年（1815）三月初四圓寂。

興如法師（1758～1838），七歲在靈山寺出家，後到開封大相國寺受具足戒，戒師告誡他：「繼志十年面壁，不如四方參學。」於是就帶著蒲團、瓦缽、念珠，四處求學，先後到達嵩縣的化成庵，抱伊庵、雲岩寺、福延寺等，各地檀越競請住錫，八十歲那年圓寂。臨終前告訴弟子：「靈山吾所始也，終必歸葬於此，宜為塔以瘞。」道光十九年（1839）建塔於靈山寺側。

宣化禪師（？～1854），洛陽人，俗家姓王，年少時到洛陽遊玩，喜愛靈山寺清淨，遂削髮為僧。長大後曾到嵩縣雲岩寺學習經論，曾募集資金重修雲岩寺，後被迎入抱伊庵做住持，並兼攝福安寺、龍王廟、白衣堂、觀音堂等廟，並將這些殘破的廟宇修復如新。咸豐四年（1854）正月初八圓寂。其徒弟祖明於咸豐九年（1859）為其建塔於靈山寺側。

宏儒法師（？～1872），字文興，宜陽縣閆和裏黃窯村人，俗姓趙，年少出家，拜師於靈山寺容從和尚座下，受戒於崇福禪寺，在相國寺參學三年。回到靈山寺後，發現寺內欠債很多，寺務糾紛，宏儒法師認真經營，幾年間還清債務，並積累資材翻修寺廟，功勞很大，後來鐵佛寺慕名邀請他前往住持。1862

年，正當太平天國起義，全國兵荒馬亂，靈山寺在兵亂中被毀，宏儒法師被迫再次出山，幫助恢復靈山寺，年近八旬，於同治十一年（1782）冬天忽然去世。

宜陽靈山寺殿閣

印紹法師（1879～1974），也稱釋心空，河南密縣人，俗姓李，名天順，13 歲入私塾，婚後夫妻感情不和，就離家到宜陽縣橋頭村擔任劉雙彥的義子，改名為劉保，半年後在靈山寺學佛，但當時並未出家。當時的老師是祖寬法師，祖寬介紹他到洛河北的「德壽堂」藥店學習醫術，三年後回寺，1907 年，到安徽合肥廬江縣實際寺出家受戒，並跟隨寺內常明和尚學習醫術五年，水平大進。後返回靈山寺，1916 年，劉鎮華的鎮嵩軍駐防宜陽，其大將憨玉琨患半身癱瘓病，印紹法師將其病治癒，從此與憨玉琨交往密切，借助憨的聲威，印紹從其部隊化得 2500 元，修繕殿房 30 餘間。民國八年（1919），在靈山寺傳戒兩次，僧眾 50 餘人，新戒僧 90 多人，全寺僧俗 200 餘人，先後授戒 300 多人。新時代的到來，各地信息交流廣泛，於是 1926 年開始，印紹到各地去交流學習，主要學習的經典有《金剛經》、《法華經》、《楞嚴經》、《大悲懺》、《十王懺》等。49 年建國後，當選為宜陽縣人大代表，文革中受到衝擊，1974 年圓寂，但直到 1997 年春才建塔於靈山寺側。

海墨法師（1896～1969），號心齋，南陽人，俗家姓方，幼年學儒，成年後從軍，退伍後到清涼寺拜傑公為師，受戒於寶林寺，後任海會寺任住持，接法於曹洞宗，號大墨禪師。後回到南陽組織念佛蓮社，再到陝西太白山修行，而後到白馬寺。1950 年代末，退居靈山寺，文革中受到衝擊，1969 年 9 月往生，享年 72 歲，僧臘 30 年，1990 年在靈山寺建塔。

法門寺珍寶的守護神——良卿法師

近代靈山寺走出的最知名的禪師為永貴禪師（1896～1967），字良卿，原籍河南偃師縣溝腦村，俗名戚金銳，九歲宜陽鐵佛寺出家。後到靈山寺印川老和尚處，先後在靈山寺三十多年，曾任靈山寺住持。1930 年曾到今大福先寺任洛陽佛教協會副會長。1931 年，應白馬寺德浩住持的邀請，到白馬寺，任監院。建國初年輾轉各地，後在終南山南五臺茅棚隱修，1953 年，受邀請到扶風縣法門寺任住持，與澄觀、慧明、常慧、心如等為法門寺的各項工作奔走。1966 年 7 月 12 日，一群「革命小闖將」唱著革命歌曲，開進了法門寺，聲言要「破四舊」，挖出舍利。住持法師良卿苦勸他們罷手無效，於是在院內堆滿柴草，自己端坐其中，他告訴紅衛兵們：「你要破壞佛舍利，就先把我燒了！」紅衛兵們不為所動，正當他們挖掘時，忽然濃煙滾滾，大家一看，良卿法師雙手合十，端坐於火光中，他自焚了！也許是被良卿法師的舉動所震撼，這群無知的群氓泄了氣，一走了之。

二十年後專業考古人員清理地宮時，發現了紅衛兵所挖的深坑，與地宮口僅咫尺之遙。若不是良卿法師的義舉，地宮寶物或許會被紅衛兵破壞殆盡，獨一無二的佛真身舍利也許會被砸碎無存。若真如此，法門寺將失去最寶貴的根

基,將會和一般寺廟無甚差別,良卿法師以自己寶貴的生命維護了法門寺的未來,堪稱法門寺珍寶的守護神。1997 年靈山寺僧為其建壽塔於寺北。

四、改革開放以來的靈山寺:洛陽西郊的旅遊勝地

1992 年,落實宗教政策,紹凡法師入住靈山寺。紹凡法師(1922～2003),宜陽韓城鄉桃村人,俗姓田,15 歲出家於靈山寺,拜永靖法師為師。1941 年到陝西西安臥龍寺受具足戒,並擔任僧職數十年,文革中受到衝擊。1992 年 2 月,靈山寺移交僧人管理,靈山寺請紹凡法師回到宜陽擔任住持。一九九八年六月以來,紹凡法師到白馬寺擔任住持,任白馬寺民主管理委員會主任,同時還先後擔任洛陽市佛教協會副會長,會長。一九九八年七月,擔任河南省佛教協會副會長。紹凡法師主持迎請了緬甸玉佛,1996 年,並赴泰國迎請鎏金平安佛像一尊。這尊平安佛的來歷,和一個叫王秀成的人有關,王秀成本是韓城鄉官莊人,1993 年,他是河南省社會福利募捐委員會秘書長,曾率團訪問泰國孤兒院,並捐款 2 萬元,泰國方面為了表示感謝,贈送他一尊鎏金平安佛。後經省佛協批准,將這尊佛像安置於靈山寺。1996 年,臺灣佛陀教育基金會為中原捐贈《大藏經》二十套,靈山寺經過申請獲得一套,並於 1996 年 3 月請入寺內。

從宜陽靈山寺走出的當代高僧剛曉法師

作為擁有歷史底蘊的古寺,靈山寺在當代也走出了高僧。剛曉法師,原籍宜陽縣西石村人,1992 年到靈山寺出家,拜師於紹凡和尚。1993 年在白馬寺

受戒，後到九華山佛學院參學，拜師於仁德老和尚，曾任九華山佛學院《甘露》主編、九華山佛學院教務長等。2001 年至杭州佛學院，先後任杭州佛學院佛學研究所副所長、佛學院教務長、常務副院長。2006 年當選為中國邏輯學會因明專業委員會副秘書長，任《因明》執行主編，先後在重點刊物發表學術論文多篇，出版因明學專著多部，為大陸僧界著名的學問僧，在教內外都有較大影響力。

　　河南信陽羅山縣也有一個靈山寺，同樣是歷史悠久的古寺。羅山靈山寺開發很早，1994 年已經是省級風景名勝區，1999 年，《靈山風景名勝區總體規劃（1997～2010 年）》經河南省人民政府批覆，正式出臺實施，規劃總面積為 61.5 平方公里，含六大景區：靈山寺景區、逍遙洞景區、金頂景區、龍牙寺景區、龍鳳祥林景區、九里落雁湖景區。2007 年 7 月，獲得國家旅遊局創 4A 級旅遊區驗收，並頒發證書。信陽靈山開發的成就，給了宜陽縣很大啟發，2010 年宜陽縣招商引資，引進洛陽靈山旅遊開發有限公司進駐，投資三十多億元，現在經過數年建設，景區已經初具規模，遊客逐年遞增，已經成為洛陽周邊著名的文化景觀。宜陽靈山寺與信陽靈山寺一北一南，相輔相成。靈山寺，這個著名的千年古寺，正以嶄新的面貌展現在世界面前。

第二十四章 唐玉真公主創建的寺廟
——偃師上洞全佛寺

在著名的洛陽白馬寺東，就是歷史悠久的偃師市，說其他縣市歷史悠久，可能是恭維之詞，說偃師歷史悠久，卻是實情，並有考古成果可以佐證。中國第一代王朝夏朝的都城斟鄩城，就位於偃師的二里頭村，從考古上看，這是從太康到夏桀居住的夏代都城，這一結論，已經獲得主流考古學家和歷史學家的認可。在偃師市區的西南邊，有著名的尸鄉溝遺址，這是商湯擊敗夏桀之後，建立的都城西亳。商湯、伊尹等商初的政治家去世後都埋葬在了偃師，現今還保留有湯王墓和伊尹墓。偃師之名，則得名於著名的周武王伐紂，據說曾在此「息偃戎師」故名偃師。春秋時期，著名的晉蔡古道就從偃師經過；著名的漢魏洛陽城，也位於偃師西部。歷史如此悠久的地方，文化也自然十分昌盛，上洞全佛寺，就是偃師著名的古剎之一。

一、全佛寺的創立時間

全佛寺所在的山谷有泉水可供行人休息茶歇，故名龍泉山。向北越過邙山就是著名的孟津渡口，所以至少從春秋時期，這裡就是著名的「晉蔡古道」，邙山上的省莊與東、西蔡莊，原來是一個村子，名為「省蔡莊」，是蔡國公主遠嫁給晉國國君，回蔡國（今駐馬店地區）省親時所停駐的地方，而後才得的村名。

全佛寺所在的山谷風水絕妙。背靠邙山，中有清泉（1970 年代農業學大寨期間泉水被填，開荒種地。〔註1〕）旁邊的枕頭山上，就埋葬著晉朝的開創

〔註 1〕田志章：《邙山全佛寺志》第 3 頁，尚未出版。

者司馬昭與司馬師，是西晉的陵區。史書上記載的司馬昭「崇陽陵」，就位於全佛寺旁邊。

偃師上洞全佛寺大殿

全佛寺的歷史，可以追溯到唐代。寺裏曾出土的基石上，寫有「蓋廟於唐，稱寺於宋，毀於元，修復於明」的簡單記載，可惜毀於「文化大革命」。據說寺廟是由玄宗的妹妹玉真公主在從嵩山到王屋山的路上創建的。根據這個線索，創建的具體時間，可以根據史料大致估算。玉真公主是個出家的道士，是唐玄宗李隆基的親妹妹，生於武則天如意元年（692），卒於唐代宗寶應元年（762）。〔註2〕她的老師，就是著名的司馬承禎，當時住在「道教第一洞天」濟源王屋山陽臺宮。開元十五年（727 年），玉真公主奉命入王屋山，師事司馬承禎。玉真公主並在王屋山建有道觀。據《玉真公主受道靈壇祥應記》碑記載，玉真公主曾從長安出發，先登華山，東行洛陽，行至函谷關老子玄元宮，「先拜天地，後謁廟宇，又投金簡」。據說法事期間頗有靈驗，「時有飛龍躍於重泉，仙鶴縈空而鳴舞」。做完這次法事之後，到道教聖地嵩山去拜訪上清派道士焦守靜，與焦共修養內丹。一個月後，她北渡黃河，登臨王屋，朝拜於天壇山。這是史料明確記載的一次玉真公主從嵩山到王屋山的行程。期間，她必然會沿著晉蔡古道，翻過邙山到孟津渡口過河。期間可能會在龍泉山下取清泉

〔註 2〕丁放、袁行霈：《玉真公主考論》，《北京大學學報》2004 年第 2 期。

煮茶休息，看到周邊山勢形勝，就在此布壇傳道，創立了上洞作為道觀。如此則可以推測，上洞全佛寺創建於開元十五年，即公元 727 年。

二、全佛寺的歷史

唐代全佛寺基本上是個道觀。其作為佛教寺廟的存在是從北宋徽宗政和年間（1111～1118）開始的。1950 年代曾在潘屯村西南村民楊小木的耕地中，出土了一塊石碑墓誌，記載少林僧人淨明法師路過上洞，在此塑造達摩像，改為龍泉寺。淨明法師圓寂後，其弟子將其葬在了寺廟所在的潘屯村，其地被稱為「和尚墳」。可惜石碑在 1958 年的政治運動中被毀。寺廟元代被毀，具體情況不詳，明代又有修復。

關於元代全佛寺被毀的情況，《圖說洛陽佛道勝蹟》介紹：「元朝末年，民不聊生，餓殍載道。龍泉寺僧眾在龍泉澗興隆寨開設粥棚，捨飯濟民，四鄉饑民聞風而至者達數千人之多，地方政府對此大為驚駭，誣為聚眾造反的響馬，派兵前往鎮壓。饑民奮起自衛，在寺僧支持下憑藉寺院與官軍對壘，最終因力量懸殊，與寺院同歸於盡。」[註3]但沒有說出根據，可能是來自地方的傳說。

關於明代修復的情況，我們可以依稀找到些線索。全佛寺現存一塊殘碑，《邙山全佛寺志》稱為「十方施主功德碑」，碑正面已經漫漶不清，背面則可以讀出以下碑文：

職稱：本寺主事、住持、僉（qian）事、監寺、首座、提點、知賓……

僧眾：可輝、可聚、可鑒、可洪、可遇、可淳、戒卉、戒羲、悟秀、悟興、悟庚、周滿、周胤、性春

寺院：法雲寺、聖堂寺、壽聖寺、定覺寺、聖叟寺、伏牛山雲岩寺、□山火神□

施主住地：土婁、潘屯、王莊、圪（ge）壋（dang）頭、前紙莊、王窯、穀堆頭、省莊、張凹、新莊、石橋、大槐樹、蔡莊、杏園、石硤、大冢頭、山西稷川縣、江西……

木匠：郭伯通、萬敖、郝□□、萬生、郭欒……

泥水匠：王會、鄭厚、王泰山、□□、郭顯……

塑匠：張政、周敬、張□、周□、□□、張雲曰……

〔註 3〕洛陽地方志辦公室：《圖說洛陽佛道勝蹟》，鄭州：中州古籍出版社，2014 年 8月，第 69 頁。

偃師上洞全佛寺天王殿

《邙山全佛寺志》認為這是一塊宋碑，但也注明只是推測。我們認為，此碑實為明碑。理由如下，第一，碑中出現了「潘屯」的村名。而據該村《潘氏家譜》記載：明代正統年間，潘姓始祖由山西洪洞遷洛陽鼓樓街，後來潘文授軍職，封百戶侯，移居偃師老城西十五里處，取名軍邙，後簡稱為屯，後因潘姓為村內名門望族，故稱潘軍屯，後簡稱為潘屯。〔註4〕故知此碑的歷史最早不可能超過明正統年間（1436～1449）。第二，從僧人的排列看，明顯是遵循著「可、戒、悟、周、性」這樣的字輩。而明代恰好是字輩風行的年代，雖然我們目前還不清楚這個字輩是源自何處，但距此不遠的宜陽靈山寺明確記載有個名戒祥的僧人曾在明代重修佛殿。〔註5〕這個戒祥既然活躍於洛陽周邊，可能與全佛寺的戒卉、戒羲師出同門。第三，寺院名單中出現了「伏牛山雲岩寺」的字樣，而伏牛山雲岩寺除了在唐代興盛了很短時間外，其頂盛正是明代時期。

此碑也不大可能是清碑。因為第一，進入清代後，伏牛山雲岩寺受到清政府的限制，一蹶不振，其參加偃師寺廟的法會可能性不大。第二，現存的清碑保存有五通，從乾隆到嘉慶到同治都有，裏面沒有出現僧人的名字，都是附近

〔註4〕高獻中，王西明：《偃師聚落記》上卷，香港：中國文化出版社，2011年5月，第一版，95頁。

〔註5〕宜陽縣志總編室：《靈山寺志》第66頁。

村民主持重修的，說明清代全佛寺並無僧人入駐。估計是明末戰亂，清軍入關導致僧人流散造成的。而從《十方施主功德碑碑文》可知，當時寺內僧人眾多，並且排列有序。故本人確定，此碑為明碑無疑。從碑文所列的職稱和僧眾可知，當時的全佛寺（當時稱為龍泉寺）是非常興盛的。

明末農民起義，滿清入關，天下大亂，兵燹之下，龍泉寺再次被毀，僧眾逃散。故有清一代，龍泉寺並無僧人。乾隆十二年（1747）的《三光洞志善碑》記載，當時，此地舊有香花佛洞和觀音洞。乾隆年間，墳莊人薛守雲、潘屯村劉文煥，香峪人王啟□，倡舉各村善男信女募化，得銀十五兩，創三光菩薩洞，花娘娘洞，□□□像六尊。

偃師上洞全佛寺老君洞

關於三光菩薩，與治療眼疾有關。《龍樹菩薩眼論》指三光為日、月、星三光。《秘傳眼科龍木論》：「瞳人裏有障翳，乍青乍白，不辨人物，猶見三光，此眼宜令金針拔之。」古代在治療眼病中，一般認為還能見三光者，可治，若三光已絕者，難治。三光菩薩的形象是：

（圖像）畫三光之像以明星為菩薩形，置於中央，以日月為天人形，置於左右，《學海餘滴》四曰：「在佛工家造三光像，大明星為菩薩形，日月二天作天人形。若三光俱依其本，即宜為菩薩形。」參見丁福保《佛學大辭典》

可見三光菩薩為帶冠菩薩形狀，居中，左右為日天子與月天子，為天神形象。背後有眾星辰為背景。洛陽及周邊地區佛教寺廟常供有眼光菩薩像，可能就是從三光菩薩轉化而來。這說明洛陽地區明清時期患眼疾者甚多，以至於附近村民感到有必要創建三光菩薩洞。另外，三光崇拜，與明清時期民間宗教受到摩尼教（西域明教）的影響也有關係。

這裡的花娘娘，傳說即皇姑玉真公主的訛稱。玉真公主是唐肅宗的「皇姑」，故民間尊為皇姑，後來民間念轉就變為了「花姑」，於是就有了「花娘娘洞」。可見本地對玉真公主的供奉，從唐代一直未斷。

四年後的乾隆十六年（1751），墳莊人薛守雲、潘屯村劉文煥等再次籌資修繕拜殿（指洞前供人禮拜的小殿。）修建土壇等。

清嘉慶十五年（1810）的《萬善同歸碑》記載，當時此地有古洞兩處，上有千手聖佛金像，下有關聖帝君法身，潘裴氏和其子潤章，看到金像破敗，捐資帶募化共得錢十六千一百四十八文，為菩薩重塑金妝。可能受到潘家母子善舉的鼓舞，一個月後，信士趙天法等發起募捐活動，修復觀音洞、癬瘡洞、三光洞、花姑洞等，並為龍王六尊完補金妝。

清同治四年（1865）十月所立的《金妝神像碑》記載，當時此地有香花洞，裏面供奉千手聖佛與關聖帝君。因世遠年湮，金像傾頹。墳莊劉楊氏與喂羊莊樊位氏，約四方信婦，募化錢文，金妝神像，留碑紀念功德。對比《萬善同歸碑》可知，香花洞並非一洞，而是上下兩洞，上洞供奉千手聖佛，下洞供奉關聖帝君。上下洞的說法，可能就此而來。

民國十一年（1922）的《創修東壁兩樓並金妝神像碑記》記載，當時上洞東壁兩洞之中，無生母與達摩佛比臨並峙，附近村民王闌與侯大俄看到菩薩居於山洞中，局促狹小，就籌資建樓閣兩座，南祀西天古佛（達摩），北祀老祖母（無生老母）。這里第一次出現了無生老母的供奉，說明今全佛寺的安陽洞，形成於清末到民國初年這段時間。這也是從明末龍泉寺毀壞後，再一次出現了神殿。

偃師上洞全佛古佛洞

　　同年的《金妝大悲母神像碑》記載，信女王李氏及其侄王戊巳、侯大俄、張學銀、李有才等再次籌資為大悲母神金妝，留碑紀念功德。

三、上洞全佛寺的新生

　　新中國建立後，由於政治運動的衝擊，上下洞神像遭到破壞。1992 年的《重建龍泉溝龍泉寺碑記》記載：「致洞坍塌，殿閣傾圮，金妝破毀殆盡，寺院荊棘叢生，荒草蓬葛沒脛，洞可羅雀。」但否極泰來，改革開放後，一位比丘尼的到來，使古老的龍泉寺獲得了重生。

　　龍泉寺住持比丘尼釋果英，俗名田鶯英，降生於一九四四年十一月，生於邙嶺鄉楊莊村，夙有慧根，1985 年離家，曾遊武當山，朝參相國寺、少林寺、靈山寺等遠近古剎。先後參與籌建孟津白雲觀、小集天爺廟、西蔡莊祖師廟，熱心於宗教慈善事業。1986 年來到上洞，看到古寺破敗，荊棘叢生，遂發心

重建古寺。1989 年到白馬寺皈依佛教，拜無上法師為師，剃度出家為僧，受賜法名果英。並於同年四月初八在白馬寺受三壇大戒，正式成為佛弟子。

偃師上洞全佛寺安陽洞

釋果英法師正式以佛弟子身份住持龍泉寺，是龍泉寺歷史上的大事。因為自明末以來，清與民國一直到 1989 年，龍泉寺並無僧人入駐，一直是民間在家人在經營。果英法師住持龍泉寺，是三百多年來第一次有僧人住持寺廟，其意義常為人所忽視。

果英法師為中興龍泉寺，常年奔波於附近鄉鄰之間，四方募化，集腋成裘。期間遭受曲折與苦難，不能盡言，憑一己之力，籌足善款，彙集男女信士，除雜草，填溝壑，拓寬道路，廣植樹木，背磚，抬灰，荷沙，親歷親為。幾年間，使得龍泉寺初具規模。她復修古洞，復建萬佛堂，建天王殿、大雄寶殿、觀音殿等，並建僧舍、飯廚，塑金身三十餘尊，使得上洞由民間信士經營的小廟變為了大殿齊備、設施完善、莊嚴壯麗的佛教大寺，重新恢復了古龍泉寺的輝煌。

誠如《重建龍泉溝龍泉寺碑記》的評價：「工程之大，耗費之巨，備料之難，運輸之艱，前所未有。積前人之功德，無與此舉比，壯哉！」1992 年，政府批准寺廟開放，改龍泉寺為全佛寺。

1994 年，在果英法師的努力下，千手千眼佛及殿閣全部竣工。佛高一丈八尺，儀態莊嚴肅穆。《重修上洞全佛寺千手千眼佛殿功德碑記》記載，工程所用木雕工匠達八十餘人，建築工匠超過兩千，期間填溝、磚瓦、木石工匠及生活費用造價達六萬餘元之巨。

果英法師的成就獲得了社會各界的廣泛認同。1992 年，參與籌建偃師首屆佛教協會，任常務理事；1996 年任偃師市第二屆佛教協會副會長；2003 年當選偃師市第六屆政協委員，同年擔任洛陽市佛教協會理事，2005 年 6 月任第三屆佛教協會副會長，代會長。2007 年 3 月當選偃師市第七屆政協委員；2013 年 7 月當選偃師市第四屆佛教協會副會長。

筆者拜訪果英、常慧法師

1998 年，全佛寺迎來了第二位尼師。這就是現在的監寺釋常慧法師。常慧法師，漢族，1968 年 11 月出生於鄭州市中原區閣垌大隊臥龍崗人，俗名閣改風。1998 年拜果英法師為師，1999 年在湖北黃石市東方山弘化禪寺受具足戒，正式成為比丘尼。2005 年 6 月任偃師市第三屆佛教協會理事，2013 年連任偃師市第四屆佛教協會理事。常慧法師文化程度高，佛學知識豐富，辦事能力強，古老的龍泉寺後繼有人，讓果英法師有了得力助手，四眾弟子同感欣慰。

2016 年 4 月 16 日，有信佛居士捐贈《乾隆大藏經》一套 168 部，仙山寺明悟法師、水泉寺廣覺法師、續真法師、崇興寺常慈法師受邀來到全佛寺，舉行恭迎《大藏經》的法會。從此，全佛寺佛、法、僧三寶俱全，全佛寺也稱為偃師唯一擁有《大藏經》的佛寺。

總觀全佛寺的歷史，起於道，成於佛，而佛道並行而不悖，至今全佛寺仍有供奉無生老母的安陽洞、供奉太上老君的老君洞，供奉天皇、地皇、人皇的三皇洞。全佛寺起於玉真公主，現在又成為著名尼寺，最早蔡國公主省親，這裡是必經之地，可以說全佛寺是與女性非常有緣的寺廟。古老的寺廟，已經走過最艱難的時刻，正迎接光明的未來。

第二十五章　聖王臺上的古觀音道場
——汝陽觀音寺

　　汝陽小店鎮聖王寨村，坐落著著名的觀音寺。觀音寺之可貴，在於其保留著十六通古碑，明清時的建築也保存完好，使得整個寺廟顯得古色古香，韻味十足。

一、「王本布地」與「觀音示現」的傳說

汝陽小店觀音寺聖王殿

　　《呂氏春秋》記載了一個關於商湯王「桑林祈雨」的故事：

　　　　昔者商湯克夏而正天下，天大旱，五年不收。湯乃以身禱於桑
　　林曰：「余一人有罪，無及萬夫；萬夫有罪，在余一人。無以一人之

不敏，使上帝鬼神傷民之命。」於是剪其髮，磨其手，以身為犧牲，用祈福於上帝。民乃甚說，雨乃大至。

商湯王以自身為犧牲，向天祈雨，希望上天的懲罰止於自己，不要殃及百姓，大獲人心，穩定了天下初定的不安情緒，並且因此以仁王的面貌而為後世所稱頌。商湯王「桑林祈雨」的地方在哪裏？眾說紛紜，光在洛陽就有多處，汝陽小店的聖王寨村，就是其中之一。那裏有一個「聖王臺」，傳說就是當年商湯王祈雨的高臺。

正德元年的《汝州志》記載：「觀音寺，在縣東南三十里，慶曆年建。」慶曆是北宋仁宗的年號（1041～1048）。可見寺廟創建於北宋。

在觀音寺聖王臺下，升仙橋東有佛爺洞，裏面供奉一尊真人大小的石佛，佛頭前些年被盜走。佛座上刻有銘文：「時崇慶元年歲次壬申孟秋上旬二日，□弘農立石□都清河善信刊。」崇慶元年為金衛紹王完顏永濟的年號，即公元1212年，孟秋為農曆七月，可見，金代崇慶元年，寺院進行過重修。

大雄寶殿西側有塊「道圓太虛長老功行之碑」，明弘治十五年由少林寺住持古梅禪師所撰寫，碑文記載：「其寺歷經年夕，傾以兵火之殘，獨有靈井雙雙，喬木凜凜，為寺之故址。迨至我朝正統年，妥有飛錫僧曰號鐵船而潛心於此，鼎新其境。」碑文講該寺因元明之際戰火而被毀掉，只剩下兩口古井，到明正統年間，有個叫「鐵船」的雲遊僧住在這裡，逐漸將寺廟恢復。

汝陽小店觀音寺山門

　　關於碑文提及的鐵船和尚，民間還保留了一個「王本布地」的傳說。據說元末明初，天下大亂，一個叫做王屮（che，草木初生）的人，在他八歲那年，因為瘟疫奪去了父母的生命，被迫流落街頭要飯，十四歲那年的一天，他走了七八里路，才要到了半個饅頭，捨不得吃，準備到餓的受不了再吃。可是當他走到汝河邊時，卻遇到了一個快要餓死的老太太。王屮就把自己的饅頭讓給了老太太。老人看到這個年輕人心地善良，就指著東南方對王屮說：「朝著這個方向一直走，走到有兩股泉水的地方住下來，那裏就是你的家。」王屮感到十分驚異，老人又給他一個手帕，囑咐他到了兩股泉水的地方才能打開。

　　王屮剛想再問，老人忽然不見了。王屮這才知道遇到了神靈，那麼，這位老人是何方神聖？不就是傳說中大慈大悲，救苦救難的觀世音菩薩嘛！王屮想到這裡，激動萬分，他跌跌撞撞地往東南走三四里路，忽然看到了一個高臺，兩股清泉從旁邊流出，臺上坐落著一間殘破的大殿，上面寫著「湯王廟」三個大字。王屮把手中的絹帕打開，發現上面寫著四句話：「白水為鄰，石臺相伴；遇湯則止，遇船則建。」白水上下相加就是個「泉」字，石臺就是聖王臺，「遇湯則止」中的湯指的就是「湯王廟」，王屮知道自己注定要在這裡落戶，就在廟裏住了下來。大明建立，天下初定，湯王廟的香客越來愈多，王屮也廣受人尊敬，終於有一個老漢看中了勤快善良的王屮，將女兒許配給了他。王屮73歲時無疾而終，臨終前他將四句讖語告訴了孫兒王本。

　　王本後來也結婚生子，後來也有了孫兒。有一天突然來了一個遊僧來廟裏討水喝，喝完水之後，覺得泉水甘冽，就有了住錫此地終老之意。他試探著問王本，可不可以在此寺居住。王本就問僧人法號，回答說法號為「鐵船」。王本一下子想起爺爺說的「遇船則建」，這不是觀音菩薩的指示嗎？於是他就把湯王廟布施給了鐵船和尚，這就是觀音寺成為觀音道場的開始。

二、明代的觀音寺

　　《道圓太虛長老功行之碑》碑文記載：「（自鐵船）相傳五代，累不乏人，至於道圓上人住持此寺，其功行之勝尤加於昔者。（道圓）禮本寺聰公……，隨師潛跡，抱守巖冗，精窮經典，澡潔身心，一旦煥名顯著，檀越景仰其風，眾推為寺之住持。公自任以來，沖寒負暑，構募眾緣，籌錢萬紙而營造殿宇，修葺廊廡，果不有墮於眾望也。」說明道圓法師是「聰公」的弟子，後被推為住持，他對寺廟進行過重修。

觀音寺古井

　　古梅法師在《道圓太虛長老功行之碑》裏，對寺廟住持之道進行了評論：「夫住持者而又三焉：有以道德而為之住持者，有以仁義而為之住持者，有以勢要而為之住持者，其名字同其義則異。以道德而為之住持者，其宗必振，而祖道鼎新，如日月之懸輝，靡一方而不照；以仁義而為住持者，其名必彰，而湖海歸市，散九州之香風，為一代之宗師。以勢要而為之住持者，其風必污，而宗門有玷，遺萬代之惡瀆，失當時之眼目。此三者則住持之道，至公之論也。可不慎重乎？」意思是說，有人是以道德文章而成為寺廟住持的，這樣的住持必定能夠振興宗風，名傳後世；有人是以仁義而成為住持的，這樣的住持一定能獲得時人的尊重，成為一代宗師，名揚天下，卻不一定能傳至後世。還有的人是以勢力而成為住持，這樣的人必定使宗門受到玷污，並為後世所譴責。古梅法師的這段評論，至今聽來，還是十分有道理。

　　大雄寶殿西側還有一塊明弘治十五年九月的《重修大雄寶殿碑記》，內容也是頌揚道圓法師重修大雄寶殿功德的，從「金碧交輝，彩飾密布，其嚴修之麗，難再勝矣」的評價看，這次重修還是挺華麗的。

　　寺內還保留一塊《重修觀音寺佛殿碑記》，萬曆七年八月，由住持僧圓尊所刻，記載該寺曾「重修於嘉靖初年」，關於嘉靖年間的重修，崇禎三年的《重修天王殿碑記》記載其出資人是「李積德、祖重光」。萬曆年間寺廟再次重修，出資人為「李久忠」兄弟。當時寺廟的僧人還有圓壽與圓琴。

　　明天啟三年（1623年）的《重修祖師殿金妝聖像碑記》記載：「萬曆四十七年（1619）三月吉日，是有石臺池東鄉浮面莊王姓者，諱君化，素有善行，捐其資財，重修殿宇，金妝神像，擇匠求工，經營幾月，此前基者煥然一新。」住持僧為如海。

　　如海還於崇禎三年（1630）立有一塊《重修天王殿碑記》：「本鎮後泉李心學之叔父、李現孀母朱氏並施財主胡應坤、田時剛、胡安定、高進安等八關社首事，整頓功成，欲銘諸石，一以志不朽。」可見此次維修，主要有民間的「關社」籌集資金。

　　總之，明代觀音寺主要出現了三位大德：一個是有開創之功的鐵船和尚，一個是有修復之功的道圓法師，最後一個是住持修復的高僧如海，分別屬於明代前期，中期和後期。

三、清代的觀音寺

觀音寺大雄寶殿

　　經歷明末清初的戰亂，觀音寺在清初異常破敗，清代前期，由於國力正在恢復，民間沒有財力支持寺院，故直到雍正乾隆時期，觀音寺才有了修復。《重修觀音寺記》記載，觀音寺本是汝陽名勝之地：「選勝游子，吟詠之詞播之志記；尋幽逸士，翰墨之跡溢於碑版。」然而由於日月侵蝕，寺廟已經破敗：「既而日渝月邁，殿宇圮而莫外；年移歲遷，榱（cui）橡毀而莫構，鼪鼯（sheng，wu）（指黃鼠狼和飛鼠）梁棟，狐狸庭除，朔望非乏謁之也。」黃鼠狼和老鼠在梁棟上飛奔，狐狸在寺院內安家，可是寺廟並不是沒有人光顧，每到初一十五，還是有不少信眾來此上香。可是，由於寺廟破敗，致使「俎豆之義難伸，春秋豈無祀乎？椒醑（xu，指美酒）之獻莫展。」信眾到了寺廟，卻沒有可以

擺放貢品的地方。「觀音寺功茂幾建零落，蕭條堪傷。」乾隆二年（1737）池祥大師對寺廟進行了全面的維修：「有住持池祥立意起造，誓願重興，相約山主趙昆等，願淡泊自甘，清素自守，除地分糧，積栗責息，以為再造之費，重修之資。⋯⋯因請募化人陳思義等，募助涓流，化分寸壤，眾人分任其責。又推功德主王廷瑞，細流為大，土壤成高，一人總督，其成於雍正三年。」可見有發起人池祥，有出資人趙昆，還有募化人陳思義，有總指揮王廷瑞，大家分工明確，各司其職，到雍正三年（1725）才將資金籌齊。碑記記載，這次重修是全面的整修，包括大佛殿、觀音閣、關聖殿、天王殿、山門都整修一新。

觀音寺外景

工程進展很慢，到乾隆二年（1737）才完工，故而才有的《金塑大佛殿眾羅漢記》記載：「故棟宇極恢弘之」。從籌資到建成，前後幾十年之久。但是，宮殿雖然恢弘，佛像卻不全：「已看宮殿月輪高特，見毗盧少金碧之觀，未見幢幡靈蓋結。」於是「李氏傅氏眾化主。爰釐其心，劉公李公二長者，兼營其念。但事難獨任，因偕謀於功德主人，而責有攸歸，遂共商於王君廷瑞。」決定由王廷瑞督工，重修大佛殿眾羅漢。經過一段時間，修成「彌陀數十尊，燦爛金光直射祇園之樹；羅漢十八眾，紛紛藻繪橫飛蕭寺之云。後仰救苦觀世音，浮竹林而炫彩；前瞻護法舍利子，近蓮臺以增輝。」可見，這次重修的金像，有彌陀像、觀音像、羅漢像等等，此時住持僧為池祥法師。值得注意的是，這

次作為功德山主的劉琦和其子劉楷，籍貫是「汝州三十里十甲籍」，但「現居聖王西寨。」無獨有偶，作為督工的王廷瑞，籍貫是「汝州二十里十甲籍」，「現居聖王東寨。」而功德主李三奇和其兒子李修，籍貫是「伊陽上店二甲籍」，「現居聖王東寨」。這些有錢的人，都沒有住在本籍，而是住在聖王寨，說明乾隆時期的聖王寨，已經不是尋常的村落，可能因為廟會已經成為當地商業重鎮，吸引周邊商人入住。

池祥還主持修建了山門的金剛殿和寺內的九級佛塔。乾隆六年的《重修山門妝塑金剛成功記》記載：「累歲經營，若大佛殿，若觀音閣、若東西地藏、那羅及伽藍、天王諸殿，莫不次第輝煌，寶相莊嚴。惟山門之金剛殿，工一竣則人天勝地，克稱巍煥美完。」諸殿均已完備，只剩下金剛殿還有「九級浮屠合頂興懷」，正在為資金發愁，這時有「朱君士玫父子，慨任捐募，金妝神像，厥工乃成。」

觀音寺天王殿西側有塊石碑，記述了池祥老和尚在晚年退二線後主持金妝佛像的事情：「金塑那羅王菩薩一尊，金塑給孤獨長者一尊，金塑太子一尊，金塑地藏菩薩，金塑觀音閣一堂，金塑六祖六尊、金塑閻王像十尊。」功德主還是王廷瑞，老和尚池祥、住持心悟，徒孫源興。大清乾隆十三年（1748）立。

心悟法師號超凡，也是住持觀音寺時間較久的一位大德。他募集資金，修復了天王像與關聖像。乾隆二十三年（1758）的碑記記載了此次修復的緣起：「拯災恤患，雖出自佛心之旋轉，而驅暴禁亂，厥惟關聖、天王力居多，由佐佛護法之所由賴也。觀音寺山門內，舊有殿宇神像，歷年久遠，殿破像壞，後重經修理，雖殿宇已輝煌矣，而像尤殘缺黯淡也。」這次修復，是心悟法師與王廷瑞一起發起而實施的。王廷瑞在長達二十多年中，一直為觀音寺服務，可謂大功德主。

乾隆三十八年（1773），有名劉文煥的人，向寺院捐獻錢財和土地。《捐金置地碑記》記載：「從來僧旁俗住，俗旁僧修，其信然矣。使有僧而無俗，則無以博飲食；使有俗而無僧，則無以種福田，如劉君之□□入是也。劉君諱文煥□傳，幕善向道心堅，慨然捐金十千餘，置地七畝。超公何以彰劉君之善念乎？大善既出，不可無記，勒諸貞瑉，昭示來茲。」當時的住持是心悟和心惺。

觀音寺天王殿

　　清嘉慶三年（1798），心悟法師又住持創建了水陸殿。《創修水陸殿記》記載：「（超凡上人，即心悟）約段君雨蒼，宇東協力，相勢度形，削石斫土，積以歲月，闢而敞之，擴而大之，始得地若干，水之漫者潴以地，地之窪者覆以土，砌石數尺，周遭完堅。然後恢宏舊制，建水陸庵五楹，方丈禪室以次就理，創設鐘鼓，接引來學，燃法炬，發祥輪，證辟支之果，參最上之乘，四方飛錫者接踵而至，蔚然為叢林一宗，可為久盛矣。」可見此次工程，由心悟法師發起，功德主段雨蒼、段宇東支持，先是從平整地面，開拓空間開始，然後建有水陸庵、方丈室、鐘鼓樓，是觀音寺歷史上規模較大的一次工程。碑記還記錄：「今超師（心悟）現主白雲（汝州風穴寺）法席，余時至其室，聆山水之音，頓生道心，相與往復不厭，偶談其故寺始事之勤，囑余為記。」文章是由 1788 年省裏鄉試所錄取 71 名舉人第一名，解元出身的汝州本地人孟藻江撰寫的。由碑文可知，心悟法師由於住持觀音寺卓有成效，已經被聘為著名的臨濟宗祖庭風穴寺的住持。

　　八年之後的嘉慶十一年（1806），情況有了變化。《創繪觀音寺水陸軸相建石橋欄杆並重修兩廂房碑記》記載，當時的住持已經是廣書法師。這是心悟的徒孫，想來心悟法師至少從 1748 年擔任住持，至少活到 1798 年，擔任住持時間超過半個世紀，其徒弟輩估計也沒有人存世了，故由其徒孫廣書擔任住持。此碑記由候選知縣趙蘭所撰寫，記載寺內「經筵四壁周圍，懸鑒軸像，數十丹青妙筆，珠絡金容，非常所有。」又見有「石檻欄杆，雕刻精嚴，其形如半月

然，其勢如彩虹然。」趙蘭記載：「徘徊未已，見有披羽衣來者，蹁躚（pianxian，輕快地）而至，向余請曰：先生此遊可以為寺光，余訝之，詢其故，則囑余為文。究其由來，則曰：此明天易公老禪師，號六爻。遍叩檀越，而適有韓君仲中、李君丙南、李君瑋、王君自新四善士，捐資募化，所同心協力而成者也。」文中所說的「明天易公」，即廣易法師，為住持廣書的師弟，從他號「六爻」看，此公可能喜愛周易，從其法名廣易看，其在出家之前就已經精通周易。此次修建，主要是石橋欄杆和兩廂房，並創繪水陸畫數十軸，出資人是韓仲中、李丙南、李瑋、王自新四人。

觀音寺關聖殿

清末政局不穩，內憂外患，百姓受災嚴重，沒有財力滋補寺院，寺院很快衰敗。《普修觀音寺諸神殿堂兩廂禪房並金妝神像碑記》記載：「為時既久，風雨飄搖，玉砌（shi，臺階兩邊的斜石）半傾圮矣；丹青剝落，金容多黯淡矣。」寺院曾經想修葺，可是遇到兵變侵擾：「前欲鳩工，因軍興中止。同治四年，粵匪過境。」文中所說的「粵匪」指的是太平天國起義，同治四年為1865年，時太平天國起義已經被剿滅，但歸之太平軍的捻軍尚在北方活動。直到捻軍被平息，大家才開始恢復寺廟：「肅清以後，近村諸位善士焚心香而咸悅，誓首肯以鼎新。裒集眾胲，檀越宏布，施之金園，新給孤獨、迦葉現尊嚴之像。於光緒十四年（1888）閏四月經始，七月落成。」這是清代的最後一次維修。住持是本信。

　　民國時期國家四分五裂，政局混亂，民生凋敝，觀音寺也衰落下去。新中國建立後，寺內還有一位老和尚，被政府定為五保戶，由村民段平天負責照顧，段平天和老和尚一起生活了十年。觀音寺被歷次政治運動衝擊，很多文物遭到破壞。寺廟長期無人居住，由村裏管理。2009 年，恒乾法師的到來，使古老的觀音寺，翻開了新的篇章。

　　釋恒乾，字正續，號一禪，俗名祝金會，1972 年生於河南汝陽一戶世代書香之家。1997 年初冬禮嵩山大法王寺延佛老和尚剃度出家。2000 年赴江西依一誠老和尚受具足戒。後曾在魯山佛泉寺任監院一職，後復入嵩山潛修，期間對於禪學、書法、茶道又有了新的領悟，尤其精於《易經》、《堪輿》之學，深得延佛師之讚譽。2005 年至洛陽白馬寺參學，不久即受到白馬寺印樂大和尚賞識而擔任監院，主持寺院全面工作。2009 年正月，法師應汝陽縣之禮請，駐錫汝陽觀音寺。

第二十六章　法幢宗寺廟──洛寧羅嶺香山寺

　　在洛寧「靈龜獻書」、「倉頡造字」的玄滬河源頭羅岭鄉，坐落著一個幽靜的古寺，這就是現在所稱的河洛法幢宗寺廟羅嶺香山寺。據附近村民傳說，此寺原來是個道觀，供奉「商山爺」與「商山奶」，後來改為佛寺。由於多塊碑刻據說被埋在牆基裏，故其歷史的具體情況不得而知。現存有一塊清道光二十一年碑，記述嘉慶十七年（1812）重修過大殿。

羅嶺香山寺山門

從寺廟的崇拜對象看，除了正統的佛教諸尊外，還供奉有無極老母和孔子與老子，帶有很強的明清時期三教堂的格局。院內一棵巨大的扭勁柏，林業部分估算樹齡為1900年，那都到東漢初年了。因為這顆柏樹，有人認為此寺創建於東漢明帝時期，與白馬寺為姊妹寺。鑒於河洛地區好多寺廟都有與白馬寺同時建立的說法，這個觀點還需進一步尋找證據。

現在羅嶺香山寺門口立有一塊名為「重興中國法幢正宗祖庭洛寧縣香山寺碑」，關於此法幢宗的來歷，有必要簡單介紹一下。

法幢宗創始人為心道法師，法師於1905年出生於湖北松滋縣，1968年圓寂於南昌佑民寺。心道法師十八歲從大悲寺天圓和尚剃度，法名源福，法號心道。受戒於江凌章華寺淨月和尚。淨月老和尚為臨濟宗第四十九世，心道法師為臨濟宗第五十世。法師深入研究佛教大小乘經典，修淨土，習禪機，學戒律，得法於天台宗與臨濟宗。又赴青海，住塔爾寺學密，從藏蒙族諸大德研究藏文顯密經典，從九世班禪大師，受時輪金剛大灌頂，從阿嘉活佛、恩久活佛受密宗各級灌頂和大戒，並授記賜名「丹巴增貝」，精習五明，後榮獲「班智達（大學者）」學位。

羅嶺香山寺扭勁柏

心道法師鑒於當時西北各地外道復興，惑亂人心，佛法衰敗的現實，自身嚴持戒律，深研《法華經》、《彌陀經》，《大悲懺儀》、《金剛經》等佛教諸經，學通漢藏，說法善巧，與諸邪教辯經論道，取得各民族信徒的敬仰。在西北數省，弘法十餘載，所到之處駁邪顯正，宏宗演教。於是法師準備在甘肅民勤創

建寺廟，並於 1937 年，到湖北請師傅淨月老和尚，老和尚為表彰他弘法西北，到處破邪顯正，深合「建法幢於處處，破邪網於重重」之旨，對他說「法幢者，即汝之別名耳。」即為之命名為法幢。1937 年秋天，法師第二次到青海，入塔爾寺從西藏恩久活佛受密宗喇嘛戒時，恩久活佛也為他命名法幢。兩位師父心念默契、不謀而合，都是希望法師高建法幢，宣揚聖教，渡眾生出苦海，轉邪外歸正道，這正是因緣所在。1942 年，心道法師在甘肅民勤縣槍桿嶺山創建了在西北弘法的第一個法幢寺，尊佛祖「見法幢，震法雷」之旨，先後在甘肅、青海、寧夏、新疆等地陸續創建了十多座以「法幢寺」命名的寺院，遂創建法幢宗。可見法幢宗為禪淨雙修，顯密並宏為宗旨的佛教法門。

法幢宗立有傳宗的字輩，傳宗續派八十八字如下：

> 心融諦理，道振大千，法演三乘，師資一貫，止觀雙照，顯密
> 通圓，開示了義，體離言詮，信解清淨，善超聖賢，徹悟實際，證
> 入幽玄，海印發光，妙音普宣，六度齊修，福智莊嚴，應機設教，
> 殊勝因緣，和敬溫良，禮讓益謙，戒定慧學，永遠流傳。

法幢初祖為源公心道老和尚，二祖為融公源慧老和尚，當前傳至諦公義修大和尚，現在住持羅嶺香山寺，其弟子為理公覺庭法師。

第二十七章　白公修仙飛昇的聖地
——偃師藏梅寺

　　藏梅寺也稱白雲寺。《鞏縣縣志》保存有出土於白雲寺的「隋五百人造像記」，裏面提到寺廟的由來：「其此居處，復是白公學道得仙之所，林流蓊蔚，群獸翔萌，清風出於澗側，白雲遍於臺邊。」可知是因為白雲常繞於白公臺邊，故得名為白雲寺。乾隆三十九年（1774），村民在寺北掘土，挖出一塊八棱石幢，上刻有題記，並有「開皇元年（581）」的年號。碑文提到：「前主宇文……，佛尊不開眾生方便之津梁，頓絕舟船之廣渡。」說的是北周武帝宇文邕滅佛之事，導致寺廟毀壞。「然今偽齊邑義道俗五百人等，所營雙石柱像，翼佈早就，逢時退敗，祇奉無所，仰歎崩摧，能言者喪氣揮淚，執教逕由五載。」這裡的「偽齊」，指的是高歡建立的北齊，說明此五百人造像碑，原來是北齊邑民建立，但尚未完工（「翼佈早就」），即遭遇滅佛運動。寺廟荒蕪「逕由五載」，即由開皇元年向上推五年，正是北周武帝宇文邕滅佛的建德五年（576）。

　　由以上分析可知，白雲寺至少建造於北齊，北周武帝宇文邕滅北齊之後，滅佛運動推及原北齊境內，白雲寺被毀滅，北齊人建造的八棱石幢，未完工而暴於野（「祇奉無所」），隋開皇元年（581），民眾再次「遍尋九天，召匠洛邑」，敬修「舊像三十八」。碑文還提到「今有正言白公舊寺沙門比丘慧……，道師名玉。」說明隋初寺內的住持為慧玉。

一、明代的白雲寺

　　據明弘治十年（1491）的《重修白雲寺記》記載：「由唐宋以來，直到遼

金,寺內香火鼎盛,遠近眾僧及皈依人可供仰瞻。」明代有資料證實的第一次維修是在明英宗天順七年,出資人是王英。維修的緣起,是其子王章在寺內讀書。清代王章的後人追憶說:「明天順七年(1463),吾家先卿諱章者讀書其中,塌土處不能慰人,又何以安神,於是告乃父,父諱英運籌謀劃,請來監工,重建……」據王章的《重修白雲寺記》,這次維修,是築二孔窯洞作為佛殿,分別供奉釋迦佛與十六羅漢、地藏佛與十方閻君。又為僧人築窯洞三孔,供僧人居住。可見明代中期的白雲寺已經非常衰敗,寺廟建築已經毀壞殆盡,只剩下五孔窯洞可用。

輝縣白雲寺山門

下一次重修的發起者就是當年在寺內讀書的王章,他早已考中舉人,並在山東萊州府通判的位置上退休,歸家養老。這時的白雲寺,情況窘迫:「弘治七年,連遭荒旱,僧眾盡去矣,二三年復得上人師徒四人,每日焚香念佛。章自致政歸,亦常避暑於寺,舍地十畝,供僧人生活及修葺之用。」,「惜乎窯殿壞漏,佛像弊缺,院宇卑狹,予直以為己任,遂邀謀諸近寺居士王安銘、王會等數十人共同商議,各瀉所有。」這次維修是由王章家族主持修建的。其過程是,先向村民買地五分,再把寺廟背靠的土崖挖去一部分,增大了寺廟的院落;然後開大窯一孔,內塑釋迦佛及二菩薩、十六羅漢;並開小窯一空,塑造地藏殿以及十殿閻羅,並裝裱水陸山水畫四軸。王章並施田地十畝,以為供養。可見即使是修復後的寺院,也只是個窯洞寺院。當時的住持是園通、園慧,弟子

明泰、明亮、僧執普廣、監寺成亮。前來祝賀的有僧會延壽、萬壽寺住持文心，法雲寺住持可紳，清涼寺住持道忠、明信。

　　明崇禎元年（1628）的《重修白雲禪寺記》記載，到萬曆二十八年（1600）時，白雲寺已經是「殿宇佛像風雨破壞，基址久被塵埋。」乾溝村有一富者名魏江，缺少子嗣，經常給寺廟捐助財物，萬曆二十八年，他猛然醒悟：「遠處寺廟尚且修蓋，近有白雲古寺何不重修？」於是讓族兄魏志賢督工，建正殿三間，左右配殿六間，臨路殿三間，門窗格扇，前後俱全。正殿塑毗盧佛、百花二菩薩；左殿塑伽藍菩薩，記石長者（即給孤獨長者）並韋陀太子，右殿塑六祖朝觀音，臨路殿塑四大天王。又在寺內臨崖壁上開窯洞二孔，西塑釋迦佛以及二菩薩、十八羅漢，東塑地藏佛以及十殿閻羅。「又舍地四十畝，以為僧眾焚修之資，許種不許賣。」結果魏江以此功德，六十以後，反而連得三子，孫子也多。可見魏江這次修建，比前兩次維修大的多，地面建築一下建了起來，一舉改變了窯洞寺廟的窘狀。這次重建的工程是由地方魏氏家族承擔的，施主是當時希望有子嗣的財主魏江及夫人柴氏，其家族的魏國喜、魏國和、魏國學，孫男魏應明、魏應官；監工有魏同泰、魏同忠、張克勤，效勞人還有魏國慶、魏朝獻，王孔信。當時寺院的住持為園寶，其徒弟明梅，法孫真全，還有僧普登、其徒弟廣新也參與了重建。可見當時的字輩是「園、明、真」。

二、清代的白雲寺

　　王章的後人所寫的《重修白雲寺碑記》記載：「明末兵燹又廢為丘墟。」說明寺廟在明末清初的戰亂中被毀。「後有乾溝寨克儉之後張公思學起而再修之。」張思學的這次重修，應該是清代第一次重修，但具體情況不詳，估計是在康熙初年。

　　《重修白雲寺碑記》記載：「但由於多年以來，風雨飄搖，殿宇傾圮，不及昔日莊嚴矣。有魏正岩、張起雲、郭養志，魏治岩、魏長燕、魏正益、王瑞山、方天德再修也，功德不朽。」這是清代康熙年間的第二次維修，由魏氏家族、王氏家族、張氏家族等合資修建，但規模不大。

　　《重修白雲寺碑記》記載：「張公思學遂令其孫庠生員張三聘（字帝卜），幾家相互商之，眾皆願慷慨解囊，鼎力相助，於是張三聘邀其長兄張朝聘、二兄張弊聘及四弟貢監張王聘、五弟張厚聘、六弟監生張應聘，繼前人之志，起而葺之。今工程完工，佛像金塑一新，特勒石以記之。」時間是康熙五十年（1711）。

白雲寺觀音像

雍正年間有《白雲寺月鍉（ke）碑記》:「善婦李門李氏子景會暨李晉。李氏因謀於人曰：典期遠□，異方仰神靈，曲寫其纏綿，孰若近在寺內，時行自盡其處敬也。於是每月各出微資，置買香燭財紙，登殿焚祝，每至臘月初八日，建醮設齊，以聚眾而期約之，俾勿三第，長值三年期滿，謹勒之石以志不朽，碑後之善者咸知所勸。雍正己酉年（1729）四月初八日。」這是由善婦李氏牽頭建立的信仰小團體，維持三年的建醮活動。打醮本是道教活動，現在白雲寺內進行，說明白雲寺內，已經有道教神像入住。

大清乾隆九年（1744），《鞏邑乾溝寨監生張素蘊施香火地碑》記載了張素蘊施捨給白雲寺十四畝地的善舉。當時的住持僧為慶安，還有熙學、友誠。

乾隆三十二年（1767），白雲寺只有兩名僧人，住持純志及其徒弟。《戒飭當地碑》記載了驅逐純志師徒的事件。碑文言當時寺廟只有純志師徒兩人，坐擁魏張二姓施地七十多畝，本應生活很寬裕，但純志竟然私下將施主施捨的土

地當與鄉人王心奇，而王心奇明知此地乃寺內公地，仍然敢接。碑文講施主施捨的土地，就是施主本人之子孫，也不能典當，何況是寺廟的住持呢！施主魏崇旋、魏天敬以此驅逐純志，並向王心奇索回土地，王心奇不服，向官府告狀，結果敗訴，土地被退回寺廟，王心奇的地價也「棄而不取」，王心奇盜當寺內公地，導致銀地兩空，純志私當寺田，導致被逐之事，被記之於碑石，警戒後人。

白雲寺側殿

乾隆三十九年（1774），寺北面出土一八棱石幢，即前述「五百人造像碑」。乾隆四十一年，住持僧湛和邀功德主前移山門，原因是山門離大殿太近，導致寺內局勢促狹。時人張炳，是前者張思學的後人，慨然願意承擔這次工程，建成山門三楹，金妝天王四尊。

大清乾隆五十二年（1787），立有《武當旋里供醮碑記》，僧義修書，社人堪和、魏世相、魏天聰、魏世全、魏克紅，魏世英，魏世信，魏俊興、魏世經。同時還立有「白雲寺」字樣的橫額石匾，由魏氏家族出資，出資人與上同。

　　道光二十一年（1821）年的《重修白雲寺正殿暨山門碑記》記載：「昔之所謂白雲，俗之所謂藏梅也！」說明藏梅寺的說法，最早出現於清代乾隆至道光年間。相傳白雲寺和唐末農民起義軍領袖黃巢有關，傳說黃巢曾在此寺駐紮軍隊，建立「黃巢寨」，並在寺內挖洞藏米，儲存軍糧，故有「藏米寺」的說法，後來訛傳為「藏梅寺」，也稱「黃巢寺」。

　　白雲寺俗稱藏梅寺，還有一個說法，相傳，黃巢起兵前曾隱居此寺。在這僻靜的寺院裏研讀兵法。一個叫梅白的小和尚，非常殷勤，總給黃巢磨墨端硯。梅白目不識丁，見黃巢常在紙上寫字，好奇地問黃巢：「你每日記甚哩？」黃巢道：「記下我將來要殺的人。」梅白越發好奇：「有我嗎？」黃巢開玩笑道：「有，頭一個就是你！」梅白大驚失色：「我終日侍奉你，不能不殺我嗎？」黃巢笑笑：「可以，但到正月初七你要躲一躲。」到了正月初七，梅白信以為真，開始找隱身之處了。躲到哪兒呢？他看到寺院前有棵古槐，軀體乾枯，樹心已空。他認為躲到這兒再也合適不過了！正月初七這日，是黃巢要起事的日子，他提劍出了寺院，興奮之餘，他大吼一聲，高舉利劍朝古槐砍去。隨著一聲慘叫，樹裏流出血來，黃巢這才發現一語成讖，他傷心地說：「可憐小梅白呀！你真的會吃我一刀。」為了紀念小梅白，黃巢後來重修了寺院，把白雲寺改名藏梅寺，並沿襲至今。藏梅寺的來歷還有另外一個說法。唐玄宗的寵妃梅妃，酷愛梅花，在楊貴妃進宮後失寵。安史之亂中，梅妃逃到白雲寺，被寺內道姑收留，法名寒梅，因藏梅妃而被稱為「藏梅寺」。綜上可知，這三種說法都是群眾演繹的結果，並非事實，故白雲寺的名稱，應該是最妥當的。

　　偃師生員喬裕撰寫的《重修白雲寺正殿暨山門碑記》記載，直隸州分州張會甲在年少時，又一次隨母親張白氏省親，路過白雲寺，他的母親指著寺院對他說，這個寺廟，你的先祖張思學修過，張三聘修過，張夙蘊、張素蘊二公修過，山門前移，是你的祖父張炳修的。後來張會甲外出到直隸州做官，退休後回到家鄉，見到寺門快要傾倒，回家告訴其母。張白氏說：「倉廩不開者，不可以救饑荒；橋樑不成者，不可以濟行旅，廟宇不全者，不可以妥神靈。」責令會甲重修白雲寺。張會甲於是出資，委託侄孫、武生張新貴負責此事，其孫毓堂協助，將山門及正殿維修一新。當時的住持僧是湛可與湛舉，徒弟是寂聚、寂德。

白雲寺古佛像

　　民國時期，白雲寺也有修建，鞏縣乾溝村張楊氏率領老母社人等於白雲寺中建立五福堂，並於並於民國二十七年（1938）七月建立《創建五福堂碑記》，此碑原來在回龍灣小學東牆下，2006 年修路被村民毀掉。這也是張氏家族再次維修寺廟的善舉。

　　據畢天河《藏梅寺》介紹，民國年間寺內僧人有正喜、正秋；素應、素瑞、素祥；德剛、德林、德根；原候、傳慶、傳會、傳新。其中素祥法師是少林寺武僧貞緒的弟子，後成為白雲寺武僧。德根法師原籍鞏義關帝廟村，六七歲就在白雲寺出家，由師兄德剛、德林照顧，八歲時被送入少林寺，與素祥有交集，德根後來在武學上頗有成就，成為了少林寺武術總教練，建國前雲遊西安時，還打過擂臺，並成功獲勝。建國後，德根還俗，授徒很多，1956 年參加河南省武術比賽，獲得第一名，1960 年，其徒弟韓德宗參加了中南局在少林寺舉行的武術表演賽。德根的弟子們後來在鞏義回郭鎮、涉村、

魯莊等地辦了武術訓練班和武術學校，為弘揚中華武術做出了貢獻。素祥和德根，都是從白雲寺走出的僧人，後來在少林寺成名。可見民國時期，白雲寺與少林寺關係密切。

綜上可知，白雲寺至少創建於北齊，是洛陽地區最古老的寺院之一，它並非官辦寺院，從一開始就是民間信眾支持建造的。從北齊與隋代的「五百人碑記」，到明代王氏家族、魏氏家族的支持；清代前期的功德主主要是魏氏家族，後期主要是張氏家族。可見明清時期，寺廟與富有的大家族結成了十分密切的關係，富家子弟在寺廟讀書學習，寄心於神靈而求發達，外出做官而退休後維修寺院；或者因求子嗣而維修寺院，是民間佛寺的主要經營模式。

據村民回憶，寺廟東邊有和尚溝，西邊有尼姑塔，白雲山上有五畝大的和尚墳。因塔林都被破壞，具體情況還有待以後的考古結果。

1949 年以後，寺內還有原候、傳慶、傳新、傳會四名僧人，直到 1963 年僧人被改造。1991～1992 年原候法師、印章法師重新入住，1994～1997 年印選在寺；1999 年～2000 年，印良法師住寺；2001 年～2002 年印章、印花住寺；2003～2005，印鋒、演和、仁定、妙慎、智遠、印花住寺；2005 年至 2006年，智遠、印經、延發住寺；2006～2007 年，智遠、聖光住寺；2007 年～2013年，智遠住寺；2013 年至今，空山住持白雲寺。據畢天河《藏梅寺》介紹，原候法師，原籍偃師顧縣回龍灣村，生於民國二年（1913），原名魏寬，其父魏同八，系長子，自幼深信佛教，年十六歲在普陀山出家，保本堂受戒，賜法名原候。曾雲遊四方，在峨眉山、五臺山、九華山、白馬寺、少林寺、相國寺、報國寺、雍和宮、大鐘寺、香山寺等古剎名寺講經說法，收徒千餘人，垂暮之年回到家鄉白雲寺，葉落歸根。建國初，他在寺院養了一匹棗紅馬，耕種寺廟土地，1956 年接受改造，在乾溝魏家頂入公社，土地馬匹上交，成為社員，1992 年 6 月 20 日圓寂，享年 80 歲。

印章法師，俗名郭書章，偃師岳灘前馬村人 1944 年農曆 12 月 20 日生，七歲父母雙亡，由外婆和嬸母養育成人，年輕時在村裏蘋果園當過技術員，並在前馬村當過二十多年村幹部，1991 年在洛陽白馬寺住持海法大師門下出家，1992 年受戒，得名印章，曾任白馬寺伙食管理員、知客。後隨海法雲遊四方，在九華山、普陀山、峨眉山、五臺山等地遊學，後在鼓山湧泉寺、鞏義慈雲寺、青龍寺、偃師白雲寺講經說法。在白雲寺住持期間，他四處雲遊化緣，修復地藏洞和羅漢洞。於 2001 年農曆 11 月 19 日圓寂。

　　據畢天河《藏梅寺》介紹，白雲寺古佛洞內所藏的古佛，正面是釋迦牟尼佛，背面是觀音菩薩，是從鞏義涉村一個廢棄的古寺請來的，有專家估計有上千年的歷史，具體情況如何，還待深入研究。

　　2014 年 1 月 16 日上午，農曆十二月十六，回龍灣村信眾隆重的舉行了空山法師入住白雲寺的法會，偃師市宗教局李新願和李斌局長，偃師市佛教協會釋永旭會長及張盈宏和韓先傑秘書長，回龍灣村支書和村長，唐僧寺住持釋印觀法師，全佛寺主持釋果英法師均來祝賀。白雲寺掀開了新的一頁。白雲寺現在有恆楹、恆觀、恆淨、恆斌、恆水、恆善、恆園、恆禮、恆廣、延龍、妙健、妙華、妙西、妙有、明芳等多位僧人。